1123 1178 1223 1227 1270 1311 1338

1520 1523 1555 1619 1628 1637 1648

Bernd Melzer & Peter Bauer

Tja, so war's

Bernd Melzer & Peter Bauer

Tja, so war's

Eine humoristische Zeitreise durch die Geschichte Mecklenburg-Vorpommerns

GOH

Einläutung

Zugegeben, manchmal untertreiben die Mecklenburger ein bisschen und manchmal juckt den Vorpommern das Fell. Aber alles in allem sind sie redlich, bescheiden und gerecht. Und wenn sie was an die große Glocke hängen oder für sich behalten, dann hat das schon seine Gründe. Ihr Verhältnis zur Vergangenheit folgt dem Grundsatz: Wir sind nicht nachtragend, aber wir vergessen auch nichts. Denn Geschichte ist ja nun mal auch nichts anderes als die Beziehung zu Menschen. Egal, ob sie uns Brauchbares hinterlassen oder was Dummes eingebrockt haben, man redet nicht schlecht über Leute, die tot sind. Aber was wahr ist, muss wahr bleiben und wer das glaubt, wird selig, und wer nicht, der kommt auch in den Himmel. Und dann wird er schon sehen, was er davon hat. Die Geschichte der Landschaft des heutigen Mecklenburg-Vorpommern ist kein weißer Fleck, sondern - wie man im Mecklenburgischen sagt - kunterbunt wie Kaiser Karl sein Hund.

Und so wollen wir sie auch erzählen. Und wenn jemandem das eine oder andere skurril, verschmitzt oder vielleicht nicht ganz glaubwürdig vorkommen wird - wir können auf gut plattdeutsch versichern: »Oewer dat is allens wohr!«

bim
bam

Die ersten Menschen

Die ersten Menschen, die sich auf das Gebiet des heutigen Mecklenburg-Vorpommern trauten, waren Rentierjäger.
Und das war kurz nach der letzten Eiszeit. Unsere Landschaft war damals im Wesentlichen fertig, es gab schon Grund- und Endmoränen, die Seenplatte und die Urstromtäler, die mecklenburgische Schweiz und die Umrisse der Küste mit Halbinseln, Bodden und Inseln; aber es war noch immer saukalt. Es ist schon erstaunlich, wie sich diese tapferen Leute damals in der mecklenburgisch-vorpommerschen Tundra durchgeschlagen haben. Das einzige, woran sie sich orientieren konnten, waren die Trampelpfade ihrer Rentiere. Und wenn sie die im eisigen Nordost verloren, war Hungern angesagt.

Steinzeit, die Erste

Als die Tundra schon ein paar Sträucher, Zwergkiefern und andere mickrige Bäume aufweisen konnte, begannen altsteinzeitliche Jäger und Sammler Exkursionen durch Mecklenburg-Vorpommern zu machen. Sie veranstalteten jagdmagische Events, erlegten Elche und Rothirsche und brieten sie am Lagerfeuer. Und wenn sie keine kriegten, aßen sie Schnecken und Muscheln. In ganz schlechten Zeiten kratzten sie mit ihren Steinwerkzeugen Rinde mitsamt der Insekten von den Bäumen – wenn man Hunger hat, wird alles zur Delikatesse.

Steinzeit, die Zweite

Unterdessen wurde der Wald immer dichter und die Mittelsteinzeit konnte beginnen. Ein einschlägig informierter Wissenschaftler meinte einmal, dass damals ein Eichhörnchen den Weg von Dänemark nach Spanien nur auf Bäumen hätte zurücklegen können ohne einmal die Erde zu berühren. Allerdings musste das Eichhörnchen nicht bis nach Spanien, um die paar Nüsse zu finden, die es brauchte. Und so ging es auch den Menschen, die in der Mittelsteinzeit, also von 7500 bis 4000 v.u.Z., vor allem an der Küste und in der Nähe der Seenplatte lebten. Ihr Leben war ausgesprochen sinnvoll organisiert: Die Frauen sammelten Beeren, Pilze, Bucheckern und vor allem Haselnüsse, damit sie auch was für den Winter hatten. Die Männer streiften durch den Wald, um Wildschweine zu jagen, und fuhren mit Einbäumen zur See, um Robben und Fische zu fangen. Im übrigen machten sie Politik, indem sie ihre Beute mit anderen teilten.

Steinzeit, die Dritte

Aufgrund der guten Beziehungen, die dadurch entstanden waren, brachte der europäische Fernhandel eines Tages Emmer, Einkorn, Gerste und einfache Weizensorten aus dem Vorderen Orient in unsere Gegend.
Das war der Auftakt für die Jungsteinzeit, die hierzulande von 4000 bis 1800 v.u.Z. währte. Die ehemaligen Sammler und Jäger, die fast schon so intelligent waren wie wir heute, wurden nach und nach sesshafte Bauern. Oder, wenn sie hauptsächlich mit Vieh befasst waren, Hirten.
Sie lernten Wälder zu roden und Felder zu bestellen. Sie gewöhnten Pferde, Rinder, Schafe, Ziegen und Schweine an sich, um sie nach allen Regeln der Kunst auszunutzen. Vermutlich mussten sie viel üben, bis es ihnen gelang, keramische Gefäße – z.B. Trichterbecher – herzustellen, mit Steinen Getreide zu mahlen, Bier zu brauen und aus Schafwolle Socken und Pullover zu machen, die länger hielten als die, die man heute zu kaufen kriegt.
Viele meinen, es sei wegen ihrer Toten gewesen, aber bis heute weiß keiner genau, warum sie eines Tages anfingen, Findlinge durch die Gegend zu schleppen und an be-

4000 v.u.Z.

Nicht bewiesene Methode zum Ablegen eines großen Decksteines auf ein Megalithgrab

stimmten Orten aufzustellen – immerhin war dafür die Beherrschung des Hebels, der schiefen Ebene und des Rades erforderlich.

Ohne die Erfindungen der Jungsteinzeit wären wir noch lange nicht da, wo wir heute sind. Ohne sie hätten wir aber auch eine Reihe von Problemen nicht kennengelernt – ich nenne nur die Umweltverschmutzung, die Getreide- und Kuhmilchallergie und den ständigen Kampf um das bisschen Grund und Boden, auf dem man ein Haus errichten, Gemüse anbauen und Ziegen halten kann.

aus dem neuen Material hielten nicht nur länger, sie haten auch einfach mehr Pepp.
Natürlich war Bronze edler: Armreifen und Halsketten wurden weiterhin aus Bronze gefertigt. So konnte man Altmaterial mehrfach verwenden.
Während dieser Zeit erzählte man sich im alten Rom Gerüchte über sehr kriegerische, wild mit Speeren herum fuchtelnde Stämme im Norden. Das Wort »Ger« bedeutete damals sowohl Speer als auch großartig.
Des Weiteren war die Rede davon, dass sie von hohem Wuchs seien, rote Haare und blaue Augen hätten, ihre wichtigsten Angelegenheiten auf Things klären und den einäugigen Obergott Wotan und seine wilde Jagd sowie den Gewittergott Donar fürchten würden, also mit anderen Worten, dass sie Barbaren seien.

Berührung mit der Zivilisation
Nachdem sich im Römerreich herumgesprochen hatte, dass die Leute im Norden zwar geradezu, aber schreibunkundig und sprachlich etwas zurückgeblieben waren, fanden immer mehr mutige Händler den Weg in unsere Gegend. Sie verkauften den »Wilden« alles, was sie in Rom nicht mehr loswurden, wie zum Beispiel ungültig gewordene etruskische Münzen oder altmodische Vasen. Sogar dort, wo später Pommern liegen sollte, kam ausländisches Kunstgewerbe zum Verkauf: Die Frauen waren auf einmal ganz versessen auf römische Schnallen, Arm- und Halsbänder.
So bekamen es die Einheimischen erstmals mit Römern zu tun und die Römer mit ihnen. Mit den Händlern kamen auch Söldner, die für deren Schutz verantwortlich waren. Die Germanen lernten auch in der Kriegführung dazu. Sie versahen ihre Speere mit Eisenspitzen und härteten ihre Schilde, sie qualifizierten ihr Gefolgschaftswesen und ihre militärische Taktik. Ihre Furcht vor der

Fast alles aus Bronze ...
Die Bronzezeit begann bei uns etwas zögerlicher als anderswo um 1800 v.u.Z. Die erforderlichen Anregungen kamen natürlich wieder über den Fernhandel. Welterfahrene und gewiefte Händler erzählten von den neuen Moden, mit Geld zu bezahlen und Leichen zu verbrennen, und boten Schwerter, Gefäße, Halsketten und Rasierklingen, möglicherweise sogar schon Gebisse aus Bronze im Tausch gegen Bernstein, Honig und Getreide an.
Es dauerte eine Weile, bis die Einheimischen auf die Idee kamen, selbst aus dem neumodischen Material Sicheln, Ringe, Schwerter, Nadeln und Blasinstrumente herzustellen und zu verkaufen.
Kürzlich wurde auf mecklenburschem Boden das 2000 Jahre alte Grab einer jungen Fürstin gefunden. Mit ihrem Schmuck und ihrer Kleidung könnte man noch heute jede Designerkonkurrenz abhängen.

... und fast alles aus Eisen
600 Jahre v.u.Z. kamen die ersten Eisengeräte ins Land. Eisen war einfach praktischer als Bronze, auch wenn es gelegentlich rostete. Man konnte damit, egal ob es sich um Köpfe oder Bäume handelte, schneller und gründlicher zuschlagen. Feld- und Gartengeräte, Hufeisen und Sporen

Schlacht bekämpften sie mit wildem Kriegsgeschrei und die vor dem Tod mit dem Glauben, dass gefallene Helden von schönen, Walküren genannten Frauen verwöhnt werden.
Dass die Germanen gern und viel Bier tranken und beim Würfelspiel Haus und Hof, Weib und Kind und am Ende sich selbst verspielten, ist vermutlich eine Übertreibung der römischen Reiseschriftsteller, die im Gefolge ihrer Truppen reisten. Aber dass die neuen Feinde der Römer gefräßig, tapfer und treu waren und morgens gern lange schliefen, kann man ihnen schon glauben.
Und je enger die Germanen mit der römischen Zivilisaton in Kontakt kamen, umso mehr wurden aus berechenbaren Feinden unberechenbare Verbündete, die schließlich erheblich zum Untergang des Römischen Weltreiches beigetragen haben.

600 v.u.Z.

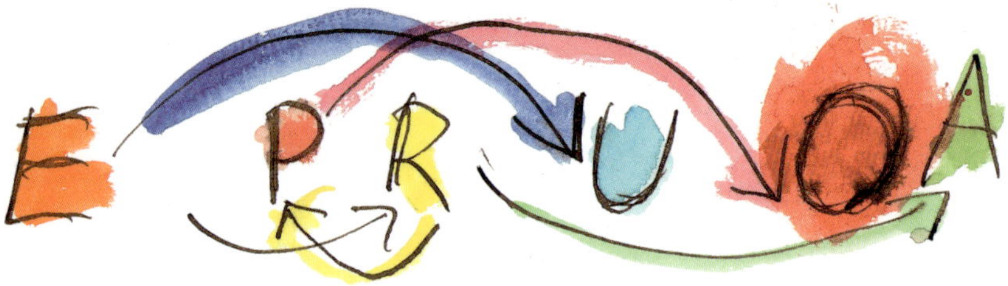

Europa kommt durcheinander

Um das Jahr 375 fing an, was später »Völkerwanderung« genannt wurde, aber eher ein Kampf vieler Stämme ums Überleben war.

Das asiatische Reitervolk der Hunnen stürzte sich auf die Ostgoten, die damals im heutigen Südrussland lebten, und danach auf die Westgoten, die damals im heutigen Ungarn und Rumänien zu Hause waren. Die Römer versprachen den germanischen Stämmen Sold und Land, wenn sie sie gegen die Hunnen schützten. Und sie versprachen den Hunnen Sold und Land, wenn sie gegen die Germanen, z.B. die Burgunder, kämpften. Da sie ihre Versprechen aber nicht einhielten, holten sich die Germanen bzw. die Hunnen selber, was sie brauchten und wo sie es fanden. Mit der Zeit setzten sich fast alle Germanen gegenseitig in Bewegung und brachten das ganze damalige Europa durcheinander, indem sie alte Reiche vernichteten und neue begründeten und sich mal auf die eine und mal auf die andere Seite schlugen. So auch der Stamm der Rugen, der auf Rügen und dann in Pommern gelebt hatte und schließlich nach Westen und dann nach Süden »gewandert« war, um neues Land zu finden.

Als 451 der Hunnenkönig Attila gegen Gallien und damit gegen Rom zog, blieben die Rugen sogar bei der Schlacht auf den Katalaunischen Feldern auf seiner Seite und auf römischer Seite und kämpften also zugleich gegen die Römer und ihre eigenen Stammesbrüder.

Nach Attilas Niederlage, seinem Tod im Jahre 453 und dem Zerfall seines Reiches siedelten die Rugen zunächst an der Donau. Da aber dort auch nicht genug Platz war, trat ein großer Teil von ihnen als Söldner ins römische Heer ein, weil man da nämlich für langjährige Dienste, wenn man sie denn überlebte, Land bekam. Aber die Römer waren am Ende auch nicht mehr das, was sie mal waren. Und so musste man selbst sehen, wie man weiterkam. Der Söldnerführer Odoaker, der 476 als römischer Söldner den letzten weströmischen Kaiser absetzte, soll ein Ruganer gewesen sein.

Er und seine Leute blieben nach ihrer Machtergreifung natürlich in Italien, heirateten Italienerinnen und bekamen Kinder, die unter keinen Umständen jemals wieder nach Rügen zurück wollten.

Ein neuer Beginn

Nachdem die Germanen aus der Gegend zwischen Elbe und Oder abgezogen waren und in West- bzw. Südeuropa ihrem wechselvollen, zunehmend christlich geprägten Schicksal nachgingen, gab es um 600 auf einmal brachliegende Felder und überhaupt viel freien Platz in Mitteleuropa. Diese Chance nutzten slawische Stammesverbände, die gerade zufällig aus dem Osten kamen und eine neue Heimat suchten.

Im westlichen Mecklenburg und in Ost-Holstein waren die Obotriten zum Halten gekommen. Sie siedelten in der Wismarer Bucht und am Schweriner See, an der oberen Warnow und in Ratzeburg, in Oldenburg und Alt-Lübeck. Im östlichen Mecklenburg und in Vorpommern saßen die mit ihnen gelegentlich verfeindeten Wilzen, die später Liutizen genannt wurden. Auf der Insel Rügen machten sich die Ranen breit. Die Pomoranen, zu denen auch die Kaschuben gehörten, lebten östlich der Oder und im Süden, im heutigen Brandenburg, hatten sich die Heveller niedergelassen.

Die Namen einzelner Stämme sind bis heute lebendig geblieben: Die Polaben gaben der Elbe ihren Namen, die Warnower der Warnow, die Tollenser dem Tollense-See und die Müritzer der Müritz. Und Kessin heißt nach den Kessinern.

Und da saßen sie einigermaßen gut aufgeteilt auf der neuen Scholle und freuten sich, dass alles so gut gelaufen war, und wagten einen neuen Beginn.

Vom Leben der Slawen

Die slawischen Stämme hatten eine bäuerliche Demokratie, die zur Durchsetzung von Mehrheitsbeschlüssen gelegentlich durch körperliche Züchtigung ergänzt wurde. So jedenfalls übermittelt es uns der Chronist Thietmar von Merseburg. Als Garanten ihrer sozialen Ordnung hatten sie des Weiteren weise Priester, die viele mit Opfern verbundene heidnische Feste initiierten, ihnen in ihrer Angst vor den Göttern und den Toten beistanden und die nähere Zukunft voraussagten.

Vermutlich auf deren Anregung hin bauten die Obotriten und die ihnen mehr oder weniger verwandten anderen Stämme auf Hügeln, Inseln oder auch in Sümpfen Erdwälle und Burgen aus Holz – im heutigen Dorf Mecklenburg und Ilow schon im 8. Jahrhundert. Diese gut befestigten Burgen lagen an den wichtigsten Handelsstraßen und waren zugleich Herrschaftszentren und Handelsorte, Wohnsitze der Stammesfürsten und Zufluchtsstätten für Mensch und Vieh, wenn es mal hart auf hart kam. Die Slawen mahlten ihr Getreide mit der Hand auf Steinen – so hatten sie immer genug Mineralien im Brot. Natürlich kannten sie Met und Gerstenbier – ganz ohne Alkohol wäre das Leben zu eintönig gewesen. Sie werden in vielen Reiseberichten als gastfreundlich geschildert. Für ihre Gäste taten sie alles.

Manchmal raubten sie, um ihnen etwas Besonderes schenken zu können. So kam es vor, dass einem Händler als Gast geschenkt wurde, was ihm zwei Tage vorher auf der Handelsstraße abgenommen worden war.

Fürst Witzan und König Karl - gemeinsam gegen die Sachsen

Ostpolitik I

Die neue Ostpolitik begann mit Karl, der zuerst König der Franken und ab 800 Kaiser des Frankenreiches war, das er als eine Neuauflage des weströmischen Kaisertums verstand. Dieser Karl, der später der Große genannt wurde, hielt es eines Tages für richtig, die heidnischen Sachsen in sein Reich einzugliedern. Und da die Sachsen damit nicht einverstanden waren, gab es von 772 bis 804 Krieg mit ihnen, mal mehr und mal weniger. Karl der Große brauchte Bündnispartner im Osten und da kam er auf die Obotriten. Man kann den Frankenkaiser nur bewundern für das Vertrauen, das er in die Obotriten setzte, obwohl sie ja damals noch ausgemachte Heiden waren. Jedenfalls half der Obotritenfürst Witzan den Franken gegen die Sachsen. Und weil das so gut funktionierte, marschierte er im Jahre 789 mit Kaiser Karl bis zur Peene, um die Liutizen mit dem europäischen Gedanken bekannt zu machen. Und dann noch mal gegen die Sachsen, weil die immer noch keine Ruhe gaben. Und weil bei dieser Gelegenheit Witzan von einem Sachsen erschlagen wurde, erhielt sein Nachfolger Thrasko den kaiserlichen Auftrag, ganz Sachsen zu bestrafen. Und weil der die Sache nicht in die Reihe kriegte, wurde er von Karl zuerst in die Wüste und dann gegen die Dänen unter ihrem König Göttrik geschickt, was damit endete, dass Göttrik die Obotriten vorübergehend zinspflichtig machte, die Handelsstadt Reric zerstörte, deren Kaufleute kidnappte und in enger Zusammenarbeit mit den Wikingern, die zwischen 800 und 1050 ihre tolle Zeit hatten, die Seeräuberei in der Ostsee und an ihren Küsten einführte.

Zwischen allen Stühlen

Nach all diesen Aktionen hatten die Obotriten in allen Himmelsrichtungen Feinde.

Die Grenze zu Sachsen verlief von der Kieler Förde bis zur Elbe bei Boizenburg und hieß nach ihrem römischen Vorbild limes Saxoniae. Und die zu Dänemark, das befestigte Danewark, von der Nord- bis zur Ostsee; Haithabu und Slesvig waren die südlichsten Städte des dänischen Königreiches im Grenzgebiet zu Sachsen. An den Küsten räuberten die Wikinger, mal im Auftrage des Dänenkönigs, mal im Dienste der polnischen Herzöge und meistens auf eigene Faust. Und im Osten gifteten die beleidigten Liutizen und hinter ihnen warteten die Pommern und die Polen, deren Herrscher in aller Stille an einem beeindruckenden Groß-Polen arbeiteten.

Wie gesagt: Überall Feinde. Ihr Glück war nur, dass ihre Feinde auch untereinander und noch mit ganz anderen Feinden verfeindet waren und sich deshalb nicht laufend mit ihnen beschäftigen konnten. Und dass sie nie genau wussten, wann sie sie wieder einmal brauchen würden.

Den Liutizen und Pommern erging es genauso, nur mit anderen Nachbarn. Seitdem folgt die nordostdeutsche Geschichte dem Grundsatz: Getrennt einbrocken, aber gemeinsam auslöffeln.

Ostpolitik II

Im Jahr 843 wurde das große Frankenreich Karl des Großen geteilt. Da aus dem kleineren ostfränkischen Teil, der rechts vom Rhein lag, nach und nach Deutschland werden sollte, musste erneut über die Slawen und das Land, in dem sie lebten, nachgedacht werden.

Das Thema beschäftigte alle ostfränkischen Herrscher, angefangen bei Ludwig dem Deutschen, und natürlich später alle deutschen Könige und Kaiser. Und immer dann, wenn ihnen die Araber, die Wikinger, die Ungarn und vor

Heinrich I. - besiegte 932 die Sorben

Otto I. - der Herr im Haus

allem die eigenen Leute ein wenig Ruhe ließen, befassten sie sich mit den Slawen.
Der deutsche König Heinrich I. beispielsweise zog, nachdem er die Ungarn zu einem Waffenstillstand überredet hatte, im Winter 928/29 auf breiter Front in den Osten. Er nahm das spätere Brandenburg ein, machte sich die Obotriten und Liutizen tributpflichtig, zwang 929 in Prag König Wenzel zur Huldigung und besiegte 932 die Sorben.

Ostpolitik III

Der spätere Kaiser Otto I. (auch ein Großer) beauftragte gleich nach seiner Wahl zum König 936 seine Markgrafen, die Slawen bis zur Oder zu unterwerfen.
Zu ihrer Unterstützung stiftete er die Bistümer Havelberg und Oldenburg.
Trotz erwiesener Härte hatten die Markgrafen - und auch die Bischöfe - einen schweren Stand, zumal sich sächsische Edelleute, beleidigte Verwandte des Kaisers, mit den Obotriten verbündeten und 954 die sächsischen Grenzgebiete plünderten. In dieser Zeit war Otto, natürlich ganz zufällig, mit den Ungarn beschäftigt, die verheerend durch Deutschland und Frankreich zogen. Aber als er im August 955 mit ihnen fertig war, zog er sofort wieder nach Nordosten und organisierte die Schlacht an der Raxa, um den Liutizen, Pommern, Obodriten und natürlich auch gleich den Polen zu zeigen, wer Herr im Hause war. Nach diesem Sieg musste er nach Italien, um seine Kaiserkrönung vorzubereiten. Und kaum war er weg, tanzten im Nordosten die Mäuse schon wieder auf dem Tisch - die Obotriten und Liutizen zahlten keinen Tribut, rückten nicht pünktlich zum Kriegsdienst ein, wenn sie angefordert wurden, und machten überhaupt, was ihnen passte.
Nach seiner Krönung im Jahre 962 residierte Otto I. in Magdeburg, um in der Nähe seiner Slawen zu sein. Aber er konnte nicht immer da bleiben: Kaiserliche Politik bestand damals vor allem darin, sich allerorten regelmäßig nachhaltig in Erinnerung zu bringen. Oder so durchzu-

greifen, dass man lange genug in Erinnerung blieb. Das galt für den Osten in noch stärkerem Maße als für alle anderen Gebiete.

Obotritentreue

Otto II. kam erst gar nicht bis nach Mecklenburg und Vorpommern, weil er mit Bayern, Franzosen und Sarazenen genug zu tun hatte.

Eines Tages ließ sich der Obotritenfürst Mistiwoj taufen. Er war nicht der erste. Schon 822 hatte sich einer seiner Vorgänger taufen lassen, vier Jahre vor dem ersten Dänenkönig und fast hundert Jahre vor dem ersten Polenherzog. Aber Mistiwoj meinte es richtig ernst und heiratete die Schwester des Bischofs Wago von Oldenburg. Dann ließ er sogar ein Kloster bauen, um seine Tochter Hodika als Äbtissin einzusetzen. Für seinen Sohn Mistislaw warb er um Bernhards, des christlichen Sachsenherzogs, Nichte als Ehefrau. Mehr christliche Beziehungspflege konnte man von ihm nicht erwarten. Dem Sohn, also Mistislaw, wurde die Nichte versprochen, wenn er für Otto II. in Italien kämpfen würde. Das tat Mistislaw. Er zog 982 an des Kaisers Seite nach Italien. Aber er und der Kaiser hatten Pech und verloren: Der Kaiser die Schlacht gegen die Sarazenen, Mistislaw alle seine Leute und natürlich auch den Anspruch auf die Nichte des Herzogs. Obendrein wurde er als »wendischer Hund« beschimpft. Da hatten er und sein Vater es satt mit dem Christentum und mit den Deutschen. Der Vater schickte seine deutsche Frau in die Wüste, schloss das erst kürzlich erbaute Kloster, verheiratete alle Nonnen einschließlich seiner Tochter mit heidnischen Kriegern, marschierte in Holstein ein und legte Hamburg, nachdem er es geplündert hatte, in Schutt und Asche.

Eine Wende der Wenden

Und Mistiwoj erzählte allen seinen Bekannten, dass der deutsche Kaiser in Italien trotz seiner Hilfe verloren hatte. Mit Verlierern hatte man damals kein Mitleid, auch und gerade wenn sie Kaiser waren. Und wer eine Chance verpasst, ist selber schuld. Die Liutizen begannen deshalb im Jahre 983 einen großen Aufstand. Die Stimmung wurde vor allem in Rethra gemacht, in der geheimnisvollen

heidnischen Tempelburg, wo die Heidenpriester das Sagen hatten. Und es war nicht schwer, Stimmung zu machen. Man brauchte nur über die Freiheitsliebe, über die Steuern und über die Art ihrer Eintreibung zu sprechen. Sogar der christliche Chronist Helmold schreibt, dass »Unvernunft zum Abfall« geführt habe und meint damit wohl die Unverfrorenheit, mit der Steuern kassiert wurden. Für die Heidenpriester bestand das Hauptziel darin, eine Christianisierung für alle Zeiten zu verhindern. Und ihr Argument war sehr einfach: Der Gott eurer Feinde kann nicht euer Gott sein. Und im Übrigen haben wir selber viel mehr und zuverlässigere Götter: Den Radegast und den Swantewit und die Göttin Siwa und den Triglav und, und, und ...

Am Großen Slawenaufstand von 983 nahmen nicht nur die Obotriten und ihre Nachbarn, sondern sogar der böhmische König und der dänische König teil, weil das eine schöne Gelegenheit war, es den Deutschen endlich mal zu zeigen. Und natürlich schlugen sie alles kurz und klein, was sie nicht mitnehmen konnten und selbstverständlich siegten sie. Der deutsche Kaiser Otto II. war geschockt, wurde krank, legte sich ein paar Monate später auf's Sterbebett und schließlich – man bedenke, mit 28 Jahren – ins Grab.

983

Neue Konstellationen

Otto III. traf noch eine weitere Entscheidung von großer Tragweite. Er reiste als Pilger (übrigens trug er immer Büßerkleidung unter dem Königsmantel) nach Gnesen, tauschte mit dem polnischen König Reliquien aus - seitdem war der Arm des Heiligen Adalbert in deutscher Hand - und erlaubte ihm, ein Erzbistum einzurichten. Es gab Gründe für seine Entscheidung: Polen war fest in christlicher Hand. Der polnische Herzog Mieszko I. hatte 966 das Christentum angenommen und war Lehnsmann des deutschen Kaisers geworden. Sein Sohn Boleslaw I. war gerade dabei, das Königreich Polen zu begründen, zu dem Böhmen, Mähren, die Lausitz und Pommern gehören sollten. Er hatte einen Traum, der schon damals alle Europapolitiker am deutschen Kaiserhof, in den Bischofssitzen und Klöstern zur Weißglut brachte: Er träumte von einem großen westslawischen christlichen Reich von der Ostsee bis zum Balkan und vom Dnepr bis an die Elbe - unter polnischer Führung und in Abstimmung mit seinem Schwager, König Gabelbart von Dänemark. Und wenn es irgendwie zu machen war, natürlich auch im Einvernehmen mit dem Papst.
Auch die dänischen Könige waren auf dem christlichen Wege und hatten ziemlich große Pläne. Knut der Große (1014-1055) eroberte 1019 die südliche Ostseeküste und beherrschte England und Norwegen; ja, die dänische Flotte hatte sogar die Wikinger vertrieben, die sich nun anderswo umsehen mussten, wobei sie ein paar mal Nordamerika entdeckten.

Eine bedeutende Unterschrift

Damit hatte sich die Christianisierung für's erste erledigt. Zwar zog Otto III., Sohn und Thronfolger des vorigen, im zarten Alter von 15 Jahren - im Jahre 995 also - ins Obotriten- und Liutizenland, um das Werk seiner Väter fortzuführen. Aber auch er konnte seine Idee eines christlichen Universalreiches unter Einbeziehung der Slawen nicht verwirklichen, obwohl man ihn schon damals das »Wunder der Welt« nannte - er wurde nur 21 Jahre alt. Trotzdem wirkte er geschichtsbildend. Anlässlich dieses Feldzugs nämlich unterschrieb er am 10. September 995 in der Obotritenburg »Mickelenburg«, in der Nähe des heutigen Dorfes Mecklenburg, eine Urkunde. In diesem Dokument wird bekundet, dass er einem seiner Kämmerer ein Dorf schenkt. Spätere Generationen verwechselten diese Ersterwähnung der Burg mit der Gründung des Landes Mecklenburg und entschieden, die Urkunde zum Anlass einer Tausendjahrfeier zu machen.

Zoff mit Polen

Der Nachfolger Otto III., der deutsche Kaiser Heinrich II., träumte auch von einem großen Reich. Da sein Traum und der polnische Traum nicht zusammenpassten, führte er von 1004 bis 1018 mehrere Kriege gegen Polen. Gegen Geld und Geschenke ließen sich die Liutizen breitschlagen, ihm gegen ihre alten Feinde zu helfen. Im Jahre 1030 machte der polnische König einen rigorosen Feldzug bis zur Saale. Der deutsche Kaiser, der gerade wieder einmal mit den Ungarn beschäftigt war, konnte erst im folgenden Jahr Rache nehmen. Das tat er allerdings dann so gründlich, dass der polnische König die ganze Beute und die Lausitz herausrücken und im Jahre 1033 beim Hoftag in Merseburg sich wieder als Vasall des Reiches bekennen musste. Der Kaiser nahm die Huldigung an, verweigerte ihm jedoch die königlichen Ehren. Das war das Signal für die Pommern, sich mal wieder von Polen unabhängig zu machen.

995

Ein misslungener Versuch
Gottschalk, ein Neffe Mistislaws, wurde mit sächsischer und dänischer Hilfe 1042 Fürst der Obotriten, weil man ihn für fähig hielt, im Bündnis mit Erzbischof Adalbert II. von Hamburg-Bremen einen Einheitsstaat auf christlicher Basis zu schaffen. Die erforderlichen Voraussetzungen und Beziehungen hatte er: Er war in einem sächsischen Kloster erzogen worden, hatte eine dänische Königstochter geheiratet und sich bei einem Rachefeldzug für seinen erschlagenen Vater durch Sachsen als Draufgänger erwiesen. Da Gottschalk für die Missionierung zuviel Geld ausgab, musste er die Steuern erhöhen und es kam 1066 zum Aufstand. Gottschalk, seine Leute und ein großer Teil der christlichen Priester wurden erschlagen und seine Frau Sigrid konnte sich mit ihrem Sohn Heinrich gerade noch nach Dänemark zu ihrem Vater retten.
Die Heidenpriester jubilierten noch einmal. Aber schon nicht mehr ganz so laut wie gut ein Jahrhundert zuvor.

Auch Frauen machen Politik
Der nächste Obotritenfürst hieß Kruto. Er regierte bis 1093 kompromisslos und vergnatzt als Hasser der Deutschen und des Christentums. Eines Tages kam der mit seiner Mutter nach Dänemark emigrierte Heinrich zurück und forderte das Erbe seines Vaters Gottschalk. Kruto dachte nicht im Traume daran, Heinrich irgendwas zu geben, aber er schlug vor, sich bei einem gemeinsamen Essen darüber zu verständigen. In Wahrheit wollte er Heinrich bei dieser Gelegenheit erschlagen. Nun hatte der alte böse Kruto eine schöne junge Frau. Die hieß Slawina und war aus Pommern und fand es schade um den jungen

Heinrich. Also steckte sie ihm die Absicht Krutos und Heinrich konnte die Sache umkehren und seinerseits den nichtsahnenden Kruto einladen und nach dem Essen erschlagen lassen. Aus Dankbarkeit und Zuneigung heiratete er Krutos Witwe.

Ein Obotriten-Heinrich und die Folgen

Heinrich stellte die Herrschaft seines Vaters nach und nach wieder her und galt eine Zeit lang als ungekrönter König der Slawen. Im Winter 1114 wanderte er mit dem sächsischen Herzog Lothar, dem er ja verpflichtet war, über das Eis nach Rügen und besiegte die dort wohnenden Ranen. Damals gab es den Rügendamm noch nicht. Als sie den Zug 1124 wiederholen wollten, weil die Pommern keine Steuern zahlten, mussten sie wegen Tauwetter umkehren. Krieg war damals noch sehr wetterabhängig.
Heinrich wurde 1127 ermordet. Nach seinem Tode verkaufte der deutsche Kaiser Lothar seine Herrschaft meistbietend an dessen Vetter, den dänischen Prinzen und schleswigschen Herzog Knut Laward als Lehen. Zur gleichen Zeit stritten Heinrichs Söhne um den Nachlass, bis sie beide erschlagen wurden. Und schließlich meldeten sich zwei neue Fürsten; Pribislaw und Niklot. Knut Laward ließ sie verhaften und gegen Lösegeld und Anerkennung seiner Herrschaft wieder laufen. Aber als er selber ermordet wurde, waren die beiden wieder da, teilten sich das Land und gelobten dem Kaiser und dem Dänenkönig Gehorsam. Der den rechten Teil bekam, also das heutige Mecklenburg, hieß Niklot. Das ist der, der heute immer noch hoch oben aus dem Schweriner Schloss herausreitet.

Christianisierung in Liebe ...

Seit 1100 hatten die polnischen Herrscher versucht, die Pommern als Freunde zu gewinnen. Die aber zeigten sich immer wieder widersätzlich. Schließlich gelang es dem König Schiefmaul 1121/22 Wartislaw I. von Pommern zu besiegen und ihn zu zwingen, gemeinsam mit ihm gegen die Liutizen zu ziehen. Nach diesen Ereignissen vergleicht der zuständige Chronist Pommern mit einem Friedhof. Völlig verständlich, dass der polnische König den Pommern nun etwas Gutes tun wollte. Er kam auf die Idee, sie zu christianisieren. Da die polnischen Priester nicht wollten oder nicht konnten, bat er den deutschen Bischof Otto von Bamberg um Mithilfe. Unter dem Schutz polnischer und pommerscher Krieger gelang es dem Bischof, die Pommern zu christianisieren. Wie man sich denken kann, hielt die erste Missionierung von 1123/24 nicht lange vor und vier Jahre später musste Bischof Otto noch einmal los, weil die Pommern alles schon wieder vergessen hatten. Diesmal fuhr er allerdings mit der Erlaubnis und unter dem Schutz des deutschen Kaisers und das war den Polen, obwohl sie gute Katholiken waren, auch wie-

der nicht so ganz Recht. Später rechneten Ottos Biografen aus, dass er insgesamt 22 165 Personen getauft und elf Kirchen errichtet habe. Bis heute ist nicht entschieden, ob es für Pommern gut war, vor Mecklenburg christlich zu werden. Aber Fakt ist, dass man seitdem in Pommern alles mindestens zweimal machen muss.

… und mit deutscher Härte

Als 1145 die Eroberung der christlichen Stadt Edessa durch die Araber die europäische Welt erschütterte, rief der Abt Bernhard von Clairvaux zu einem Kreuzzug gegen die Heiden auf. Die sächsischen Fürsten und Edlen hatte keine Lust, in den Orient zu ziehen und argumen-

tierten, dass sie in der Nachbarschaft genug Heiden hätten, die man bekehren oder umbringen könne. Daraufhin ließ sich besagter Bernhard einen Kreuzzug gegen die Obotriten, Liutizen und Pommern einfallen und vom Papst absegnen.
Im Sommer des Jahres 1147 sammelten sich alle Interessenten in Magdeburg. Ein Teil des Kreuzzugsheeres unter Führung des jungen Welfen-Herzogs Heinrich des Löwen, eines Sachsen also, und des Erzbischofs Adalbert von Bremen zog nach Mecklenburg, um die Obotriten zum Christentum zu bekehren. Der Zug endete vor der Burg Dobin, die im sumpfigen Gebiet in der Nähe des Schweriner Sees lag und damals der Sitz des Obotritenfürsten Niklot war. Sie wurde drei Monate lang vergeblich belagert. Der andere Teil unter Führung des Markgrafen Albrecht des Bären aus askanischem Hause zog in Richtung Pommern. Er kam bis nach Malchow und weiter nach Demmin und Stettin. Dort konnten die Bürger den Kämpfern von der Stadtmauer herunter zurufen, dass sie schon Christen seien.

Ein löwenhafter Sachsen-Heinrich

Der Begründer der späteren Region Mecklenburg-Pommern wurde eben jener Heinrich der Löwe, der den etwas schief gelaufenen Wenden-Kreuzzug von 1147 initiiert hatte. Er war Herzog von Bayern und von Sachsen, als letzterer erhielt er vom deutschen Kaiser Friedrich von Schwaben, genannt Barbarossa, die Erlaubnis, selbst Bischöfe einzusetzen und Städte zu gründen, und den Auftrag, das Land jenseits der Elbe endlich deutsch und christlich zu machen.

Heinrich hieß nicht umsonst der Löwe. Erstens war er es vom Tierkreiszeichen her und zweitens gehörte er zu den Typen, die keine Ruhe finden können. Heute wird jemand, der so unruhig ist, mit Medikamenten sichergestellt, damals konnte man sich als Eroberer bewähren.
Heinrich der Löwe sicherte sich die Gegend um Lübeck und Holstein, unterstützte seinen Kaiser in Italien, inszenierte ein gutes Einvernehmen mit dem dänischen König und half dann freundlicherweise einmal den Obotriten gegen die Liutizen mit dem Ziel, den besagten Niklot zu seinem Lehnsmann zu machen. Freilich, Niklot war und blieb ein schlitzohriger Heide, aber immerhin ließ er den von Heinrich beauftragten Bischof Berno von Schwerin aus seine Missionierung betreiben. Ansonsten machte er, was er und seine pommerschen Kollegen immer machten: kleinere Überfälle und Raubzüge in Dänemark und anderswo.

Niklots Tod und die Folgen

Als Waldemar I. im Jahr 1157 dänischer König wurde, beklagte er sich bei Heinrich dem Löwen über die ständigen Überfälle der Slawen. Heinrich wollte gerade mit seinem Kaiser nach Italien reisen, um neue Sturmmaschinen und Belagerungstürme kennenzulernen, und befahl deshalb den Obotriten und Pommern, während seiner Abwesenheit Ruhe zu halten. Aber die vergaßen die Abmachungen nach dem Motto »Was der nicht weiß, macht ihn nicht heiß.« Waldemar I. griff nach dem Prinzip »Ab heute wird zurückgeschossen« zur Selbsthilfe und überfiel seinerseits Rügen und Pommern, ohne Heinrich oder gar den deutschen Kaiser zu informieren. Dadurch wurde der dänische König für Heinrich den Löwen ein Nebenbuhler im nordostdeutschen Raum und das ging ja nun gar nicht.
Heinrich der Löwe bestellte nach seiner Rückkehr aus Italien die obotritischen und anderen slawischen Herren zu sich, um zu klären, wer wem was zu sagen hatte. Wer aber nicht kam, war Niklot. Das musste bestraft werden und so kam es zum Bündnis zwischen Heinrich und Waldemar und schließlich 1160 zu jener Kriegslist, durch die Niklot vor seiner Burg Werle getötet wurde. Den damaligen Kriegsbräuchen gemäß, wurde sein Kopf auf einen Speer gesteckt und ins Lager der Sachsen gebracht.

Nach dem Tode Niklots musste Heinrich der Löwe als verantwortlicher Fürst die Verwaltung des künftigen Landes Mecklenburg neu ordnen. Noch im gleichen Jahr gründete er die Stadt, die Grafschaft und das Bistum Schwerin, um den Osten mit der christlichen deutschen Kultur vertraut zu machen. Ratzeburg und Dannenberg wurden als Bistum bzw. als Grafschaften beauftragt, das Unternehmen zu unterstützen. 1163 versuchten zwei Söhne Niklots, Wartislaw und Pribislaw, für den Tod ihres Vaters gründlich Rache zu nehmen. Aber sie hatten keine Chance, der Herzog der Sachsen war ihnen logistisch und organisatorisch einfach überlegen. 1166 brauten sich aber ganz andere Wolken über seinem Haupt zusammen.
Einigen deutschen Fürsten und auch dem Kaiser Barbarossa war seine Macht zu groß geworden. Sogar Albrecht dem Bären, seinem Freund aus den Tagen des Wendenkreuzzuges, dem Askanier im späteren Brandenburg, passte es nicht, dass Heinrich seit 1164 über Pommern verfügte. Da Heinrich kaum noch jemanden hatte, auf den er sich richtig verlassen konnte, setzte er 1167 Pribislaw, den Sohn seines obotritischen Lieblingsfeindes Niklot, als Lehnsmann im heutigen Nordmecklenburg ein. Pribislaw gelobte Frieden, Heeresfolge und alles andere, was ein Lehnsmann damals geloben musste. Gunzelin von Hagen, der bis dahin als Statthalter Heinrichs in der Gegend tätig gewesen war, wurde mit der Grafschaft Schwerin entschädigt. Pribislaw regierte mit obotritischer Schläue und Hartnäckigkeit im deutschen und christlichen Interesse, bis er eines Tages im Jahre 1178 bei einem Turnier vom Pferd fiel und sich den Hals brach. So wurde der wilde und trotzige Obotritenfürst Niklot nach seinem Tode Stammvater des mecklenburgischen Fürstenhauses.

1178

Der Tod des Swantewit

Im Jahr 1168 beschloss der Dänenkönig Waldemar I., die Heiden auf Rügen über das Christentum aufzuklären. Er fragte bei Heinrich dem Löwen nach, ob er ihn unterstützen könne und der beauftragte seine norddeutschen Vasallen, darunter die Obotriten, bei dem Unternehmen mitzuwirken. In einer hellen Juninacht stürmten ihre Heere mit moralischer Unterstützung der Bischöfe Absalon von Roskilde und Berno von Schwerin die slawische Burg Arkona. Das vierköpfige Holzbild des Slawengottes Swantewit wurde mit Beilen abgeschlagen und den Köchen zur Weiterverwendung übergeben. Die Sieger triumphierten und die Unterlegenen warteten auf den Zorn und das Gericht ihres Gottes. Bischof Berno ließ vorsorglich gleich am Ort eine kleine Kirche bauen, um das Ziel der Missionierung nicht ganz aus den Augen kommen zu lassen.

Der dänische König nutzte die Chance, Rügen ganz und dauerhaft zu besetzen: Die rügenschen Fürsten blieben bis 1325 seine zuverlässigsten Lehnsleute.

In vielen Sagen aber ist der Swantewit bis heute nicht totzukriegen gewesen.

Der Kaiser greift ein

Der deutsche Kaiser Barbarossa wollte Heinrich den Löwen seit 1166 schärfer im Blick behalten und bat ihn deshalb anlässlich mehrerer Hoftage zu politischen Sondierungsgesprächen. Der aber kam nicht nur nicht, sondern entschuldigte sich auch nicht. Er ahnte, was ihm blühte. Nach dem vierten Mal hatte es der Kaiser satt und er kündigte Heinrich im Jahr 1180 die Freundschaft und mit ihr auch gleich seine beiden Fürstentümer. Obendrein schickte er ihn für drei Jahre nach England zu seinem Schwiegervater in die Emigration. Die anderen deutschen Fürsten freuten sich, applaudierten und nutzten die Gunst der Stunde. So auch der dänische König. Er machte den obotritischen Herrscher Heinrich Borwin I. zu seinem Vasallen. Und der hatte kein Problem damit, er wusste sehr wohl: Wer das Befehlen hat, hat auch das Arschlecken. Unter diesen Voraussetzungen machte der deutsche Kaiser 1181 in seinem Feldlager bei Lübeck die hiesigen Herzöge zu Reichsfürsten. Herzog Bogislaw I. durfte sich nun dux slaworum nennen, was soviel heißt wie Herzog der Slawen. Die Obotriten nahmen's gelassen.

Ein dänisches Zwischenspiel
Schon immer hatten die Dänenkönige als verbündete Christen versucht, sich in die norddeutsche Politik einzumischen. 1184 siegte der dänische König Knut VI., diesmal mit Hilfe rügenscher Truppen, in einer Seeschlacht über die Pommern. Knut VI. nannte sich König der Dänen und Slawen und interessierte sich schon für Estland. Kurz darauf war die Ostsee ein dänisches Binnenmeer. Danach wollte der dänische König den deutschen Kaiser nicht mehr als seinen Herrn akzeptieren.

Wie man einen König fängt
Als der Graf von Schwerin, Heinrich I., von einer Pilgerreise zurückkam, hatte der dänische König Waldemar II. sein schönes Schloss besetzen lassen. Heinrich versuchte erfolglos, das Problem mit Verhandlungen zu klären. Im Mai 1223 folgte er deshalb heimlich dem dänischen König, der zur Jagd auf die Insel Lyöe fuhr. Dort wartete er das übliche nächtliche Zechgelage der Jagdgenossen ab und nahm, als die ganze Mannschaft betrunken schnarchte, den dänischen König und seinen Sohn gefangen. Um

1223

eine Verfolgung unmöglich zu machen, wurden die dänischen Schiffe unbrauchbar gemacht. Der gefangene Waldemar hatte sich schon dazu durchgerungen, auf alle norddeutschen Eroberungen zu verzichten. Da er aber schließlich auch Kreuzfahrer und Fürst eines kirchenzinspflichtigen Landes war, setzte sich der Papst für ihn ein und legte fest, dass die in der Haft gegebenen Versprechungen nicht gelten sollten.
Vier Jahre später, im Jahre 1227, klärte sich das ganze Problem durch die Schlacht bei Bornhöved. Heinrich I. besiegte mit seinen Verbündeten die Dänen so gründlich, dass sie für längere Zeit fernblieben. Er begab sich mit seiner Grafschaft unter dem Schutz des Reiches in die sächsische Herrschaft zurück.
Die Pommern kamen nach diesem Sieg ebenfalls wieder in den Blick ihrer anderen Nachbarn.

Im Osten gibt's Land und niedrige Steuern

So wurden Mecklenburg und Pommern nach und nach christlich und deutsch unter sächsischer Regie. Aus dem damaligen Westen, aus Westfalen oder Niedersachsen, kamen junge Bauernsöhne. Geführt von sogenannten Lokatoren, die sie angeworben hatten und ihnen zeigten, wo sie siedeln und Felder anlegen konnten, vermaßen sie Feld und Wald, rodeten, bauten Häuser und Dörfer nach Plan, säten und ernteten. Falls zufällig noch Slawen in der Nähe waren, wurden sie zwangsumgesiedelt oder integriert.
Selbstverständlich wurden modernste landwirtschaftliche Tricks, wie z.B. die Dreifelderwirtschaft und die Tiefpflugtechnik eingeführt. So entstand nach und nach unsere heutige Kulturlandschaft. Aber die aus den alten Heimaten mitgebrachten Bauernregeln konnten den neuen Lebensbedingungen erst nach und nach angepasst werden.

Und neue Sicherheit

Für die Alt- wie Neuanwohner mit höherem Schutzbedürfnis, also Adlige oder Geistliche unterschiedlicher Provenienz, wurden neue Burgen angelegt oder alte restauriert. Sie waren als politisch gewollte Befestigungswerke und Versorgungszentren schon während der Slawenzeit miteinander verbunden, um die militärische Verteidigung des Landes zu gewährleisten. Ihre Dominanz prägte das Landschaftsbild. Die Burgherren waren Krieger und Unternehmer in einer Person. Sie bekamen, nutzten und vergaben Rechte, unterstützten die Administrationen der Landesherren, trieben fällige Abgaben und Schulden ein, und fühlten sich gegen ein entsprechendes Handgeld für den Schutz der umliegenden Dörfer verantwortlich. Da sie selbst wegen der vielen Kriege und Fehden, die meistens während der Erntezeit begannen, und des ständigen Waffentrainings, das sie für ihre Fitness brauchten, keine Zeit zur regelmäßigen Arbeit hatten, waren die Bauern verpflichtet, ihnen bei den landwirtschaftlichen Arbeiten immer mal wieder unter die Arme zu greifen. Das taten sie am Anfang ganz gern, später aber nur noch mit jener Miene, von der man nie weiß, ob sie aggressiv oder gleichgültig oder bloß schläfrig ist.

Lasst uns Städte gründen

Fast zwei Drittel der heutigen Städte Mecklenburgs und Vorpommerns sind im 13. Jahrhundert, dem Jahrhundert der Ostkolonisation, gegründet worden. Deshalb sind sich auch die Jubiläumsfeiern immer so ähnlich. Als erste Stadt im Mecklenburger Slawenland wurde dank Herzog Heinrichs des Löwen Unterstützung 1160 Schwerin gegründet. Vier Jahre später war die Stadt bereits Verwaltungszentrum und Kaufmannssiedlung mit Lübecker Stadtrecht. Der Historiker Vitense nannte sie ein »Bollwerk für die deutsch-christliche Kulturarbeit«. Das ist Schwerin bis heute geblieben.

Die meisten Städte wurden in der Nähe von Burgen, Handelsstraßen, Küsten- und Flussverläufen angelegt, womit auch ihre weitere Geschichte als Residenz-, Ackerbürger- oder Handelsstädte vorgezeichnet war. Diejenigen, die besonders günstig in den Fernhandel einsteigen konnten, wurden auch besonders reich. In erster Linie natürlich die Seestädte Wismar, Rostock, Stralsund, Greifswald und das pommersche Stettin. Die Städte erhielten vom Landesherren Rechte und Privilegien, die ihnen ihre Entwicklung ermöglichten, so zum Beispiel das Stapelrecht, das Münzrecht, die Zollfreiheit und die Obergerichtsbarkeit. Dafür zahlten sie auch Steuern – Steuer war schon damals die erste und wichtigste Bürgerpflicht. Die zweitwichtigste war die Pflicht zur Verteidigung der Stadt.

Die Städte gaben ihrem Landesherren und seinen Leuten Quartier und halfen ihm gelegentlich aus der Klemme. Die Bebauungspläne folgten weitgehend den niedersächsischen Erfahrungen: In die Mitte kam ein ordentlicher Marktplatz mit Kirche und Rathaus und die Straßen waren gerade. Manche Orte waren so beliebt, dass gleich mehrere Gründungen in der unmittelbaren Nachbarschaft erfolgten. Rostock hatte beispielsweise bald drei Märkte und Kirchen.

Sobald man es sich leisten konnte, wurde um die Stadt herum eine Mauer mit Befestigungen, Türmen und Toren gebaut. Aus gutem Grund, wie sich zeigen wird.

Ein zeitgenössischer Chronist schrieb, dass das Land »durch Gottes Gnade eine große Ansiedlung geworden ist, in der Städte und Dörfer erbaut werden und die Zahl der Kirchen und Diener Christi zunimmt.«

Tüchtige Brüder und Schwestern

In Zusammenarbeit mit den jeweiligen Landesherren und den Bistümern Schwerin, Ratzeburg und - für Pommern - Kammin erfolgten auch die meisten Klostergründungen im 12. und 13. Jahrhundert. Der Landesherr stiftete Grund und Boden, die Klöster in den alten Ländern schickten die Entwicklungshelfer und das Geld wurde in den neuen Ländern aufgetrieben.

In unserer Gegend entstanden vor allem Feldklöster. Die meisten von ihnen wurden von Zisterziensern besetzt, arbeitssamen Mönchen, die nicht nur fleißig beteten und sangen, sondern auch Felder, Gärten und Fischteiche anlegten.

Sie lebten oft lange auf Baustellen, weil sie für den Bau ihrer Klöster und Kirchen viel Zeit brauchten. An einem Dom wie dem in Bad Doberan baute man ca. 70 Jahre. Und das war eine kurze Zeit. Andere brauchten 200 und mehr Jahre und noch andere stürzten immer mal wieder ein, weil sich die Baumeister verrechnet hatten. Was für die Ewigkeit sein soll, braucht eben seine Zeit.

Am Kirchenbau waren Ziegelmacher, Glasmacher, Glokkengießer, Steinmetze und viele andere Handwerker beteiligt. Die örtliche Versorgungswirtschaft wurde in hohem Maße gefordert. Dafür kamen mit den Klöstern Bibliotheken, Archive und Kopiermöglichkeiten ins Land. »Drei Finger schreiben, aber der ganze Körper leidet«, sagten die damaligen Kopisten, die oft in kalten Räumen und bei schlechtem Licht arbeiten mussten.

1170 wurde als erstes das Kloster Althof gegründet, das später nach Doberan verlegt wurde. Das älteste Nonnenkloster war Neukloster (1219), das damals Sonnenkamp hieß, ihm folgten Rühn (1233), Eldena (1235) und Dobbertin (1238). Das Kloster zum Heiligen Kreuz in Rostock stiftete die dänische Königin Margarethe im Jahr 1270 auf der Rückkehr von einer Pilgerreise nach Rom. Der Papst hatte ihr ein Stück vom Kreuz Christi geschenkt, das sie vermutlich nicht bis nach Dänemark mitschleppen wollte. Damit verschaffte sie Rostock eine zusätzliche Einnahmequelle. Wallfahrtsorte wurden von vielen Leuten besucht und die brachten viel Geld, auch wenn sie arm waren. Stadtklöster wurden zumeist von Bettelorden geschaffen, die sich um die Armen- und Krankenfürsorge verdient machten wie z.B. die Dominikaner in Stralsund oder die Klarissinen in Ribnitz. In Rostock wirkten die Beginen als Krankenpflegerinnen ohne Gelübde.

Jahrzehnte voller Kleinlichkeit

Nach dem Tod von Borwin I. und seinen Söhnen stritten sich seine vier Enkel darum, wen von ihnen der Großvater am liebsten gehabt hatte. Da sie zu keinem Ergebnis kamen, musste 1229 eine Landesteilung durchgeführt werden. Danach bestand das heutige Mecklenburg aus zwei Grafschaften (Schwerin und Dannenberg), zwei Bistümern (Schwerin und Ratzeburg) und vier verschiedenen Herrschaften (Mecklenburg, Parchim-Richtenberg, Werle-Güsstrow und Rostock). Von den vier Herrschaften überlebte nur Mecklenburg, alle anderen gingen ein. Die dort lebenden Verwandten gönnten sich nämlich untereinander nichts und versuchten, sich bei jeder Gelegenheit gegenseitig das Wasser abzugraben. Zum Beispiel beseitigten die Söhne des werleschen Heinrich ihren Vater, weil sie Brüder von seiner neuen Frau verhüten wollten. Und die anderen Verwandten entrüsteten sich moralisch und handgreiflich. Auch die Abwesenheit des Fürsten Heinrich I., der später der Pilger genannt wurde, führte zu üblen Vermutzungen und bösen Vorschlägen. Er war 1270 mit dem Kreuzzugsheer Ludwigs des Heiligen nach Tunis gefahren. Dort wurden fast alle Teilnehmer krank und das Unternehmen scheiterte. Heinrich I. kam zwar mit dem Leben davon, aber er wurde vom Sultan gefangen und 27 Jahre in Kairo verwahrt.

Böse Verwandte schickten zwei Betrüger nach Schwerin, die sich für ihn ausgaben. Der eine wurde ertränkt, der andere verbrannt. Endlich stand 1298 ein spindeldürrer alter Mann vor der Tür, dem es nur mit Mühe gelang, seine Identität zu beweisen. Ob seine Frau ihn noch erkannt hat, ist nicht überliefert. Wir wissen aber, dass er es nach seiner Rückkehr auch nicht mehr lange gemacht hat.

Am Doberaner Münster baute man ca. 70 Jahre
und manchmal passierte auch was....
Die da unten haben Probleme. Wir machen erst mal nicht weiter
Mörtel is alle
In 10 Jahren ist mir dieser Pfusch abgestellt!

Ein neuer Heinrich und neue Konflikte

Der Sohn Heinrichs I., also der II., hatte natürlich während der Abwesenheit seines Vaters nicht untätig abgewartet, sondern mit dem selbstständigen Regieren angefangen. Seit seiner Teilnahme an einem Feldzug König Wenzels in Böhmen hieß er der Löwe. Und er war auch tapfer und einfallsreich. Dass die Herrschaft Mecklenburg unter der dänischen Schattenherrschaft durch Heiraten, Verträge, Bündnisse, Fehden und militärisches Engagement zur Hochform auflief und deshalb unserem Land den Namen geben konnte, haben wir Heinrich II. zu verdanken.
1292 heiratete er die Tochter des Markgrafen von Brandenburg und kaufte das Land Stargard, wobei ihm ein Teil der Kaufsumme als Mitgift erlassen wurde. Als die Frau starb und die Kaufsumme immer noch nicht abgezahlt war, wollten die Brandenburger ihr Stargard zurückhaben. Heinrich II. zeigte ihnen einen Vogel und siegte 1316 in der Schlacht bei Gransee gegen die vierfache Übermacht der Brandenburger. Seitdem hatten wir im mecklenburgischen Wappen einen Arm mit Ring – er repräsentierte das seinerzeit verteidigte Heiratsgut.
Der dänische König Erik VI. Menved übergab Heinrich II. 1319 die Herrschaft Rostock. Aber die hatte er sich vorher verdienen müssen. Alles begann mit Wismar. Die Stadt wollte Heinrich nicht in ihren Mauern heiraten lassen und Jahre später, nämlich 1310, seine Tochter auch nicht. Also gab es einen Krieg. In diesem Krieg half Rostock seinen Wismarer Verbündeten. Das nun konnten sich die Fürsten nicht bieten lassen, schon gar nicht ihr dänischer Oberherr. Also traf man sich am 12. Juni 1311 vor Rostock mit dem dänischen König, um in der Stadt ein Turnier abzuhalten. Die Bürger, die nichts Gutes ahnten, schlossen die Tore und verteidigten sich tapfer. Die Herren mussten zunächst wieder abziehen. Natürlich gelang es ihnen schließlich, der Sache wieder Herr zu werden, weil die Bürger sich untereinander nicht einig und die anderen Herren geldgierig waren. Nikolaus, das Kind, verkaufte seine Herrschaft Rostock an den dänischen König für Rentenpapiere.
Und der konnte sich 1314 wieder als Oberherr aller mecklenburgischen und pommerschen Fürsten ausgeben.

Finanzen und Wunder

Heinrich II. war nur im Feldlager zu Hause und brauchte viel Geld für seine Kriege. So griff er zum Mittel der Verpfändung und machte Schulden, wo es ging – auch bei den Städten. Als er 1329 starb, befand sich sein Hausbesitz zum größten Teil in den Händen des Adels. Eines Tages kam er auf die Idee, die Einkünfte der Geistlichkeit für ein Jahr als eine Beisteuer zu sich zu nehmen. Das war etwas kühn, weil die Geistlichkeit bis dahin nie hatte Steuern zahlen müssen. Sofort schleuderte die Kirche den Bann und verbot Heinrich die Teilnahme an allen kirchlichen Handlungen. Der Bischof Hermann Maltzan von Schwerin rief 1321 sogar seine Ritter zu den Waffen, um das Kirchenrecht zu verteidigen. Heinrich hatte zu tun, den Schaden zu begrenzen.
Weil Heinrich II. wegen dieser und anderer Entscheidungen das Gefühl hatte, etwas für seine Seele tun zu müssen, beschloss er, den Bitten seiner Gemahlin Anna und seines Beichtvaters nachzugeben und in Ribnitz ein Kloster zu stiften. Vor seinem Tode beschenkte er 1329 das Kloster noch einmal, sicherte alle seine Privilegien und übergab ihm seine Tochter Beatrix zur Einkleidung und zur Erziehung. Beatrix, so lautet die alte Wundererzählung, war auf dieses Leben schon lange vorbereitet: Sie hatte schon in der Wiege dreimal die Kleidung des Klarissinen-Ordens an und niemand hatte je gewusst, wie sie dazu gekommen war. Und so wurde sie denn folgerichtig die spätere Äbtissin des Klosters.

Auf großer Fahrt

Die teilweise schauderhaften Verbindungswege zwischen den jungen Städten waren durch die häufige Benutzung befestigt worden und schon wenige Jahrzehnte nach der Besiedlung war ein schwungvoller Handel mit Dänemark, England, Schweden, Flandern, Norwegen und den baltischen Ländern im Gange. Aus dem Wanderhandel hatte sich der Fernhandel entwickelt. Der Kaufmann zog nicht mehr mit seinen Waren durch Europa oder über die Meere, um dann irgendwo anzuhalten und um den Preis zu feilschen, sondern er saß im heimatlichen Kontor und schrieb Briefe, Bestellungen und Rechnungen. Um seinen Handel abwickeln zu können, brauchte er Schiffe, Städte mit Stapelrecht und gesicherte Wege zu Lande und zur See. Die Schiffe, wehrhafte Koggen mit großem Laderaum, wurden aus einheimischem Holz gebaut; deshalb musste Rostock die Heide kaufen. Es waren vor allem Unternehmer aus den alten Ländern, die die erforderliche Lobby in den Städten schufen. So entstand aus der gotländischen Genossenschaft, die sich noch mit dem kleinen Ostseehandel begnügt hatte, der große Städtebund der Hanse, der über 200 Städte erfasste und von England bis Russland und von Köln bis Norwegen reichte. Gehandelt wurde mit Bier, Hopfen, Holz, Leinwand, Getreide und Grütze, Pelzen, Honig, Wachs und Häuten, ja sogar mit Wein und Salz aus Portugal, Spanien und Frankreich. Die Kaufleute, bald Pfeffersäcke genannt, weil der Gewürzhandel bis zu 2000 Prozent Gewinn brachte, verstanden, fast alles zu Geld zu machen. Das große Geschäft aber war nach der Erfindung des Einsalzens der Hering. Da das Christentum auf der Fastenzeit bestand, in der

1311

1338

kein Fleisch, wohl aber Fisch gegessen werden durfte, stieg der Fischbedarf in Süddeutschland zu gewissen Zeiten erheblich und die Hansestädte hatten oft Mühe, diesem Bedürfnis überhaupt gerecht zu werden. Jedenfalls wurden sie vom Fastenbrauch so reich, dass sie der Kirche dafür eigentlich hätten dankbar sein müssen. Das Bier, das man zum gesalzenen Fisch braucht, lieferten sie gleich mit – Rostock beispielsweise hat seit seiner Gründung am Bierhandel verdient.

Um die Sicherheit zu gewährleisten, wurden Bündnisse geschlossen. Hamburg und Lübeck hatten schon seit 1230 ein Bündnis gegen See- und Straßenraub geschlossen, Rostock und Wismar schlossen sich 1259 an, 1283 kamen Stralsund, Greifswald und Anklam sowie Stettin und Demmin dazu, sogar die Fürsten, die ja vom Reichtum der Hansestädte partizipierten, schlossen sich an.

Und so entstand an der Küste der Ostsee nach und nach ein Machtzentrum mit einem großen Wirkungskreis.

Ein neuer Anfang

Wie groß diese Macht war, konnte man zum Beispiel daran ablesen, dass die Vormundschaft für die zwei minderjährigen Söhne Heinrichs II. von einem Rat geführt wurde, dem 16 Ritter und die Ratsmänner der Städte Wismar und Rostock angehörten.

Da sich die Söhne auf niemanden verlassen konnten, mussten sie selbst sehen, wie sie zurechtkamen. Albrecht II. tat das bereits 1336, als er gerade 18 geworden war. Er übernahm die Herrschaft über Mecklenburg, Rostock und Stargard und er heiratete Euphemia, die Schwester des schwedischen Thronfolgers. Europaweites Heiraten war ehedem in Mode gekommen.

Dann fuhr er in Begleitung einer lübeckschen Flotte von Warnemünde nach Stockholm zur Krönung seines Schwagers Magnus II. als schwedischem König.

Alles Weitere war eine Frage des Machtinstinkts. Er suchte ein gutes Verhältnis zu den Städten und er schlug sich auf die Seite des späteren Kaisers Karl IV. So konnte er 1338 das große Landfriedensbündnis zu Lübeck vermitteln und andererseits 1348 zusammen mit seinem Bruder in Prag dem deutschen Kaiser den Lehnseid leisten, was ja bedeutete, dass er ihm nun direkt unterstellt war. Gute Beziehungen zu Kaisern, die gerade Erfolg haben, sind sehr praktisch. Dass er es außerdem schaffte, mit dem dänischen König Waldemar IV. ein gutes Verhältnis zu haben, war eine diplomatische Glanzleistung, die aber nicht beliebig verlängert werden konnte.

Einmal Schweden bitte ...

Magnus, der schwedische König und Schwager Albrecht II., hatte nicht nur kein Glück, sondern auch noch Pech. Er hatte zwar die Leibeigenschaft aufgehoben und ein ordentliches Gesetzbuch ausarbeiten lassen, aber dann kam die Pest und reduzierte seine Bevölkerung um ein Drittel und sein Sohn Erich machte Flausen. Hinzu kamen Probleme mit Dänemark und Norwegen.

Albrecht II. arbeitete erfolgreich im Hintergrund als Königsmacher und eines schönen Tages wollte der schwedische Reichsrat auf Anraten der deutschen Kaufleute in Schweden einen neuen König haben und kam auf die Idee, den Sohn Albrecht II., also Albrecht III., dafür in Erwägung zu ziehen. 1363 kamen beide Albrechte mit einer bedeutenden Invasionsflotte aus Warnemünde, um der Wahl Nachdruck zu verleihen; den Weg kannten sie ja schon. Und 1364 wurde Albrecht III. in Uppsala feierlich als schwedischer König gekrönt.

Das erste Mal war ein Mecklenburger ein König und noch dazu im Ausland!

Wieder mal die Dänen

Der dänische König Waldemar IV. ließ sich Atterdag nennen, weil er es in Dänemark wieder Tag werden lassen wollte, worunter er die erneute Eroberung des Ostseeraums verstand. So kam es ab 1360 zu einem Handelskrieg mit der Hanse, der sich zu einem heftigen See- und Landkrieg auswuchs. Natürlich unterstützte Albrecht II. die Hanse bei der Sicherung ihrer Privilegien. Im Jahr 1367 kam es in Köln zu einem großen Bündnis zwischen Städten und Fürsten. Daraufhin kaperte die Hanseflotte 1368 Kopenhagen und Dänemark gleich mit, während der dänische König mit seiner Kriegskasse in Deutschland weilte und in Pommern und Brandenburg verzweifelt Verbündete suchte. Das war dem dänischen Reichsrat denn doch zu verrückt und so schloss er mit den Städten im Jahre 1370 den Frieden von Stralsund, der dem dänischen König zwar sein Land ließ, aber der Hanse nicht nur ihre Privilegien bestätigte, sondern auch noch ein Mitspracherecht über die Wahl künftiger dänischer Könige einräumte.

Ein König aus Mecklenburg ...

Albrecht III. tat als schwedischer König alles was man tun konnte, um sich die Gunst des schwedischen Adels und Volkes wieder zu verscherzen. Unter anderem verpfändete und verkaufte er schwedisches Land an deutsche Edelleute. Es dauerte nicht lange, bis er als Landesverräter be-

schimpft und seine Absetzung gefordert wurde. Der schwedische Reichstag entschied sich für Margarete von Norwegen, die zugleich die Tochter des ehemaligen dänischen Königs war, als neue Königin.

Albrecht nannte sie »Königin Hosenlos«; er wusste nicht einmal, dass man Königinnen nicht ärgern darf und schon gar nicht unterhalb der Gürtellinie.

Jedenfalls wurde er im Jahre 1389 bei Falköping mitsamt seiner Verwandtschaft von Margarete geschlagen, gefangengenommen und auf die Festung Lindholm gebracht, von wo er erst 1395 gegen das Versprechen eines unbezahlbaren Lösegeldes freikam. Albrecht III. nannte sich Zeit seines Lebens »König«; aber es war für Schwerin und die Schweriner auch nicht gerade erhebend, von einem abgesetzten König regiert zu werden.

... und ein Hänger

Als Albrecht II. starb und Albrecht III. noch König von Schweden war, kam zu Hause sein Bruder Heinrich III. ans Ruder.

Es war eine schwierige Zeit. Das Jahrhundert, das Hungersnöte und Pest und Krieg, und sogar kleinere Eiszeiten und größere Katastrophen gesehen hatte, ging zu Ende. Die jungen Adligen waren ein wenig verroht und langweilten sich und wenn junge Männer sich langweilen, machen sie Scheiße.

In solchen Zeiten sind natürlich die Straßen unsicher und Rechtsbrüche sind an der Tagesordnung und jeder sieht zu, wie er zurechtkommt. Heinrich III. wollte endlich Ordnung schaffen und spezialisierte sich auf das Raubwesen im Lande. Er hatte eine Nase für sündige Menschen. Vorwiegend nachts suchte er die Ruhestörer in ihren Schlupfwinkeln auf und knüpfte sie am liebsten selber an den nächsten Baum. Zu diesem Zweck hatte er immer genug Stricke am Sattel seines Pferdes dabei. Da die Aufgefundenen nicht zu ihrer Sache verhört wurden, ist zu vermuten, dass Heinrich III. mehr Gerechte als Ungerechte gehängt hat. Er hat von der Mitwelt den Beinamen suspensor, dt. der Hänger, erhalten und wohl auch mit Stolz getragen.

Er starb 1383 in Wismar während eines Turniers bei einem Sturz vom Pferd. Immerhin noch ein ritterlicher Tod, wenn man bedenkt, dass sein Bruder Magnus, von dem man nichts weiter weiß, als dass er halsstarrig gewesen sein soll, auf einer Erholungsreise an Fieber starb.

Ein neuer Erwerbszweig: Seeräuberei

Als Königin Margarete Albrecht gegen Lösegeld laufen ließ, war vereinbart worden, dass ihr, falls er nicht bezahlen könne, Stockholm ausgeliefert werden sollte. Die Stadt war damals an die Hanse verpfändet.

Margarete wurde die Königin der drei nordischen Reiche Norwegen, Dänemark und Schweden und erhielt natürlich auch ihr Stockholm.

Damit war aber ein schöner Grund für einen Kaperkrieg entstanden – schließlich mussten die armen hungernden Deutschen in Stockholm mit Lebensmitteln, sogenannten Viktualien, versorgt werden. Diesem Vorwand folgend, nannten sich die von dem Unternehmen angelockten Abenteurer – Piraten, Landstreicher, Knechte, aber auch adlige Herren – Vitalienbrüder. Sie stahlen und plünderten in Norwegen, Dänemark und Schweden, was das Zeug hielt und brachten die Sachen nach Wismar und Rostock zum Verkauf. Die Gefangenen steckten sie gemeinerweise in Heringstonnen. Den Gewinn teilten sie unter sich auf; deshalb nannten sie sich auch Likedeeler (Gleichteiler). Eine ihrer Losungen lautete: »Gottes Freund und aller Welt Feind!«

Die Störtebeker-Story

Nach einer gewissen Zeit war es den Seeräubern ganz gleich, welche Flagge die Schiffe hatten, die sie kaperten. Und da entschloss sich endlich die Hanse, etwas gegen die Freibeuterei zu unternehmen. Der Erfolg bestand darin, dass die Piraten auf die Nordsee auswichen. Und so kam es, dass die berüchtigten Seeräuber Godeke Michels und Klaus Störtebeker Hamburger Kaufleuten, die gerade nach England unterwegs waren, in die Hände fielen. Deshalb wurden sie auch 1401 in Hamburg hingerichtet.

Man kanns kaum glauben, aber Großmutter hat's erzählt: Störtebeker war nicht nur ein begnadeter Säufer, sondern auch ein Stuntman von hohen Graden: Er konnte 100 seiner Leute vor dem Tode retten, weil er es geschafft hat, nach seiner eigenen Hinrichtung ohne Kopf an ihnen vorbeizulaufen.

Die Herzöge Albrecht V. und Johann IV. (v.l.n.r.) beim unauffälligen Blick-Kontakt

Auf Rügen ist man den Piraten und den Hamburger Kaufleuten jedenfalls noch heute dafür dankbar, weil ohne ihre bösen wie guten Taten die Rügenfestspiele, bei denen die Störtebeker-Story jedes Jahr ein bisschen anders erzählt wird, niemals stattgefunden hätten.

Es werde Licht

In Europa war Bildung in Mode gekommen. Die Herzöge Albrecht V. und Johann IV. wollten sich dem Trend nicht verschließen und gründeten deshalb in misstrauensvoller Zusammenarbeit mit dem Bischof von Schwerin und dem Rat der Stadt Rostock eine Universität. Sie stifteten Gebäude und Geld (die Stadt gab 800 Gulden jährlich), warben Dozenten aus Leipzig und Erfurt an und eröffneten die neue Einrichtung nach Eintreffen der päpstlichen Bulle, die die segensreiche Genehmigung enthielt, am 12. November 1419. Zuerst konnte man in Rostock nur Medizin, Juristerei und »freie Künste« studieren. Ein Theologiestudium hatte der Papst abgelehnt, da er ketzerische Ideen befürchtete. Aber 1432, nachdem die Universität bewiesen hatte, wie brav sie war, wurde auch eine theologische Fakultät genehmigt.

Die Gründung der Greifswalder Universität verdanken wir dem Greifswalder Bürgermeister Heinrich Rubenow. Der gelehrte Jurist überzeugte den Herzog Wartislaw IX. von der Notwendigkeit einer eignen Universität und veranlasste ihn, mit Unterstützung der vorpommerschen Äbte den Papst Calixtus III. für das Unternehmen zu gewinnen. Der Papst erließ am 29. Mai die Stiftungsbulle, am 28. September fand die Gründung und am 27. Oktober 1456 die feierliche Einweihung mit Gesang, Huldigung und Eintragungen ins Ehrenbuch statt.

Nun mussten die jungen Leute, die studieren und sich auf eine Laufbahn als Geistlicher oder höherer Beamter vor-

bereiten wollten, nicht mehr nach Paris, Bologna oder Prag wandern. Und auch nicht mehr die dort kursierenden albernen ketzerischen Ideen in Mecklenburg einführen wollen.
In Rostock und Greifswald hatte man mal wieder neuen Gesprächsstoff. Die juristische Selbstständigkeit der Universität, die Liebschaften, die Schulden und die Streiche der Studenten sowie die Querelen der Professoren waren oft viel interessanter als der ständige Ärger mit dem Rat der Stadt und den Steuern und dem Einerlei in den Zünften. Freilich, die Gutachten der Gelehrten zu den Hexenprozessen waren nicht immer besonders rühmlich und der Humanismus wurde auch viel später als anderswo zur Kenntnis genommen. Trotzdem nannte man die Universität Rostock, die die erste und lange Zeit die einzige Universität Nordeuropas war, mit Recht die »Leuchte des Nordens«.

Erbverbrüderung

Im Jahre 1436 starb der Herzog Wilhelm von Wenden, der in Güstrow-Werle regiert hatte, ohne einen Sohn zu haben. Vier Erben meldeten sich an, regierten das Land gemeinsam und teilten die Einkünfte. Da fiel den brandenburgischen Fürsten ein, dass sie als Lehnsherren den Hauptanspruch auf das Erbe hätten und eigentlich alles bekommen müssten. Da die Sache militärisch nicht richtig entschieden werden konnte, kam es 1442 in Wittstock zu Friedensverhandlungen.
Der brandenburgische Kurfürst verlangte zur Deckung seiner Unkosten und für seinen Verzicht auf das ihm zustehende Land 5000 rheinische Gulden.
Außerdem bestand er auf der Zusicherung, dass er als einziger erbberechtigt sein sollte, wenn das mecklenburgische Fürstenhaus aussterben sollte. Die anwesenden Herren fühlten sich potent genug und gaben der Vereinbarung lächelnd ihre Zustimmung.
Diese Möglichkeit künftiger Gebietsaneignung wurde Erbverbrüderung genannt.
Sie bedurfte auch im Falle vorhandener Potenz einiger Vorsichtsmaßregeln. Zum einen musste man darauf sehen, dass die angeheirateten Frauen geburtsfreudig waren, und zum anderen darauf, dass einem die eigenen Söhne nicht vor der Zeit wegstarben.

Auch Säufer erben

Die Sprichwörter, die uns die weitere mecklenburgische Geschichte erklären, heißen: »Dick hat Glück« und »Der Teufel scheißt immer auf den größeren Haufen«. Der Herzog Heinrich IV., genannt der Dicke, begann seine Karriere als rauflustiger Saufbruder. Doch dann hatte er, wie diese Leute meistens, mehr Glück als Verstand. Da seine Verwandten nach und nach alle starben, erbte er so nach und nach alle mecklenburgischen Teilländer, bis er 1471 endlich über ganz Mecklenburg verfügen konnte. Am Ende war er Herzog von Mecklenburg, Fürst von Wenden, Graf von Schwerin und der Lande Rostock und Stargard Herr. Trotzdem hatte er nie genug Geld. Deshalb verpfändete er Schlösser, Vogteien, Zollrechte und zuletzt sogar sein herzogliches Tafelgeschirr. Die ihm verbleibenden Güter wirtschafteten im Minusbereich. Das Amt Gadebusch zum Beispiel machte 1472 einen baren Gewinn von elf Mark. Alle Versuche des Herzogs, neue Zölle einzuführen, wur-

den vom Kaiser und von den Hansestädten abgeblockt. Gegen Ende seines Lebens waren die Schulden unermesslich geworden. Als er 1477 starb, war das Land zwar oberflächlich geeint, aber wirtschaftlich derart am Boden und rechtlich derart zerrüttet, dass ihm viel Hoffnung nicht mehr gegeben wurde.

Pommern for ever

Auch die Herzöge Pommerns und ihre Familien hatten das Teilungs- und Wiedervereinigungsspiel über die Jahrhunderte betrieben, allerdings nicht ganz so exzessiv wie ihre Mecklenburger Verwandten.

1227 mussten die Dänen nach ihrer Niederlage bei Bornhöved auch Pommern aufgeben. Herzog Barnim I. war hocherfreut über die neue Selbstständigkeit. Aber sie hielt nicht lange vor, da der römische (= deutsche) Kaiser Friedrich II. 1231 die brandenburgisch-askanische Lehenshoheit wieder bestätigte. Man muss es ihm nachsehen. Deutschland war zu dieser Zeit nicht sein Thema, schon gar nicht Norddeutschland. Der Kaiser war nämlich erstens im Jahr 1228 vom Papst mit dem Kirchenbann belegt worden, weil er den verspäteten Beginn des fünften Kreuzzuges verschuldet hatte. Er hatte sich dann zweitens tapfer nach Palästina durchgeschlagen, war drittens in Folge einiger glücklicher und heute nicht mehr nachvollziehbarer Umstände vom ägyptischen Sultan mit der Stadt Jerusalem beschenkt worden und war viertens eben dabei, sich dort krönen zu lassen. Jedenfalls war Pommern wieder unter brandenburgisch-askanischer Lehnshoheit. Barnim I. tat in der Situation, was er konnte. Er siedelte – wie alle anderen Fürsten ja auch – deutsche Ausländer an und gründete Städte (zum Beispiel 1234 Prenzlau) und Klöster (darunter 1260 in Ückermünde). 1295 teilten sich seine Söhne, nachdem sie sich lange genug darum gestritten hatten, das Land wieder auf und so entstanden Pommern-Wolgast und Pommern-Stettin.

Als aber das Land Pommerellen zur Disposition stand, weil die Herzöge von Pommern-Danzig ausgestorben waren, bekam nur Pommern-Stettin etwas, die andere Hälfte teilten sich der Deutsche Orden und Brandenburg.

Enttäuschung und Hoffnung

Als das Fürstenhaus der Askanier 1319 ausstarb, nutzte Herzog Wartislaw IV. von Pommern-Wolgast die Chance, die Uckermark einzuziehen. Kaum aber hatten die pommerschen Herzöge den schönen Traum neuer Selbstständigkeit zu träumen begonnen, schenkte Ludwig der Bayer, damals noch König, die Mark Brandenburg 1323 seinem Sohn Ludwig. Und Pommern als deren Lehen gleich mit. Das war zwar unfair, aber nicht zu ändern. So wurden die Pommern wieder abhängig, diesmal von den Brandenburgern. Und da war es dann auch keine richtige Freude mehr, als ihnen 1325 auf Grund einer Erbverbrüderung Rügen zufiel und in einem kleinen Krieg gegen Mecklenburg erfolgreich verteidigt werden konnte. Je kleiner das Land, desto größer sein Schicksal. 1332 hatten die Pommern Glück. Sie konnten einen Sieg über ihre Herren erringen und ihn ausschlachten: Die Brandenburger verzichteten 1338 auf dem Reichstag zu Frankfurt am Main auf die Lehnspflichtigkeit der Herzöge von Pommern-Stettin. Die waren so gerührt, dass sie einer Erbverbrüderung mit Brandenburg zustimmten.

Ein großer Tag in Prag

Kaiser Karl IV. hatte als kluger und weitsichtiger Herrscher ein Herz für den deutschen Norden. Er gestand allen pommerschen Herzögen – wie ja auch den mecklenburgischen – am 8. Juli 1348 in Prag ihre Selbstständigkeit zu. Und 1354, als sie gerade einen kleinen Krieg mit Mecklenburg beendet hatten, ließ er ihnen die östliche Uckermark zukommen. Der Herzog Barnim III. begleitete ihn aus Dankbarkeit 1365 auf einem Kriegszug nach Frankreich und kurz darauf zur Krönung nach Burgund. Barnims Söhne versprachen dem Kaiser nach dem erneuten Austausch aller zeitüblichen Freundschaftsbeteuerungen in standesgemäßer Selbstüberschätzung, die Brandenburger vernichtend zu schlagen, sobald sie auch nur den geringsten Versuch machen sollten, etwas gegen ihn zu unternehmen. Der Kaiser glaubte ihnen und heiratete in vierter Ehe Elisabeth, die Tochter des Herzogs von Pommern-Wolgast. Aus der versprochenen Auseinandersetzung mit Brandenburg wurde ein Spielchen zwischen Streithammeln und Seeräubern, dessen wichtigste Erfolge die Zerstörung der Uckermark, neue Auseinandersetzungen mit den Hansestädten und die Teilung in ein Vor- und Hinterpommern im Jahre 1372 waren.

1373 übergab der Kaiser Karl IV. die Mark Brandenburg seiner eigenen Verwandtschaft und so gelang es, 1374 zu Prenzlau einen großen Frieden zwischen der Mark und ihren beiden Nachbarn im Norden, nämlich Mecklenburg und Pommern-Stettin, abzuschließen.

1348

Barnim I.

Ein Pommer als König

Auch Pommern hatte sich über die Jahrhunderte in die europäische Adelswelt eingeheiratet und deshalb überall Verwandte und Chancen. Als der Erbe der großen Königin Margarete starb, schlug sie ihren Großneffen aus Pommern als ihren Thronfolger vor. Er hieß eigentlich Bogislaw und regierte seit der Teilung Pommern-Wolgasts von 1370 nur den hinteren Teil Pommerns, aber für einen schwedisch-dänisch-norwegischen König war das nicht erheblich und der Name Erik VII. natürlich besser geeignet. Solange seine Großtante auf ihn aufpasste, ging alles in Ordnung. Aber als sie 1412 starb, ärgerte er seine Untertanen, das deutsche Reich, den deutschen Orden und vor allem die Hansestädte durch die Bevorzugung englischer und holländischer Kaufleute und die Erhebung eines Sundzolls. Gerade als Erik auf die Idee kam, das schwedische Königtum erblich zu machen, sagte sich der schwedische Reichsrat 1435 von ihm los; die klugen Männer wollten sich ihr Wahlkönigtum trotz aller Umstände, die es machte, nicht nehmen lassen.

Auf beiden Seiten der Front

Als sich 1410 die Auseinandersetzungen zwischen dem Deutschen Orden und dem polnischen König zuspitzten, hatten die beiden Pommernfürsten eine Gelegenheit, ihre Unversöhnlichkeit zu demonstrieren. Der Herzog Kasimir von Pommern-Stettin ritt mit 600 Reitern tapfer auf der Seite des Deutschen Ordens in die Schlacht von Tannenberg. Herzog Bogislaw von Pommern-Wolgast versprach dem polnischen König Wladislaw II. Jagiello zwar gegen Geldzahlung seine Hilfe, erschien aber so spät auf dem Schlachtfeld, dass er dem Sieger nur noch huldigen konnte. Der polnische König rächte sich auf seine Weise:

Er schenkte Herzog Bogislaw ein paar Orte, bedauerte aber, sie auf Grund schwieriger Umstände noch nicht herausgeben zu können.

Vergebliche Bitte an einen Kurfürsten

Nach wie vor bestand der brandenburgische Kurfürst auf der Lehnshoheit über Pommern. Insofern sah er mit Gelassenheit, wie sich die zwei vorpommerschen Fürsten ab 1459, nachdem Erich von Pommern, der ehemalige König, gestorben war, um die Nachfolge in Hinterpommern stritten. 1461 wurde er vom deutschen Kaiser als Schiedsrichter eingesetzt und entschied, dass alle Anwärter gemeinsam die Huldigung der Hinterpommern empfangen sollten. Als aber der beteiligte Herzog Otto III. von Pommern-Stettin mit 19 Jahren an der Pest starb, waren alle Fragen wieder offen und der Kurfürst pochte auf sein Recht, im Todesfall seines Lehensträgers das Land wieder einziehen zu können.

Da er gar keine Ruhe gab, schrieben ihm die Wolgaster Herzöge 1464 einen Brief. »Euer Lieb hat doch von Gottes Gnaden Land und Leute genug«, schrieben sie, »und ist ein frommer Herr und ein Kurfürst und weiss doch selber wohl, dass er kein Recht hat.« Und schlugen vor, dass er sie dort in Ruhe lassen solle, wo die Leute auf den Greif hörten. Natürlich nahm der das Schreiben für das, was es war – einen Witz. Immerhin schlug er seinerseits Verhandlungen vor und betonte, dass er nichts Böses wolle.

Er verbündete sich 1468 mit beiden Mecklenburg, besetzte Teile Pommerns und ließ Polen einen Waffenstillstand vermitteln. 1470 erkannte der deutsche Kaiser seine Ansprüche an und verpflichtete alle anderen norddeutschen Länder, ihm gegen Pommern beizustehen. Und im Frieden von Prenzlau von 1472 wurde vereinbart, dass der brandenburgische Kurfürst alles behielt, was er erobert hatte, und dass die Pommern ihm lehnspflichtig blieben.

Ein Herzog mit Format

Herzog Bogislaw X., 1474 an die Macht gekommen, versuchte nun auf andere Weise, sich mit den brandenburgischen Hohenzollern zu arrangieren. Er heiratete eine brandenburgische Margarete und behandelte sie, weil sie keine Kinder kriegte, schlecht. Das sah wieder nach Krieg aus. Aber Herzog Bogislaw gelang es, dem Kaiser seine Argumente vorzutragen und so kam es 1493 zum Vertrag

von Pyritz, der für beide Seiten annehmbar war und vom Kaiser im Jahre 1521 noch einmal bestätigt werden konnte. Die brandenburgische Lehensoberheit blieb, aber sie reduzierte sich auf das Erbfallrecht im Falle des Aussterbens des pommerschen Hauses. Oder aus pommerscher Sicht: Die Lehnshoheit Brandenburgs hat sich erledigt, aber wenn wir wider Erwarten einmal aussterben sollten, dann haben die Brandenburger das Erstrecht. Nachsatz: Und dann kann es uns sowieso »schiet egal« sein. Vorsichtshalber heiratete Bogislaw X. ganz schnell eine Polin.

Pommern wird modern

Bogislaw X. machte aber nicht nur als Außenpolitiker Aufsehen. Auch im Inneren seines Landes kümmerte er sich um alles, was vorher unter der Regie seiner Verwandten eingerissen war. Er zwang den Adel zur Anerkennung seiner Lehnshoheit und zeigte den Städten, wer Herr im Lande war. Das brachte dem Land den lang ersehnten Frieden – jedenfalls auf absehbare Zeit. 1491 zog der Herzog nach Stettin und brachte die ganze schlampige Verwaltung – von der Steuererhebung bis zur Rechtsprechung – in Ordnung.

Als er 1523 starb, dämmerte am pommerschen Himmel das Licht der Neuzeit. Das Mittelalter in all seiner Farbigkeit begann unterzugehen.

Mecklenburg auch

Herzog Magnus II., der ab 1477 in Mecklenburg regierte, hatte als Sohn des dicken Heinrich IV. einen schlechten Start. Zu viele Schulden, zu viele Verpfändungen, zu viele beleidigte Leute. Er hatte nur einen Vorteil: Die äußeren Grenzen des Landes waren relativ fest und sicher. Der junge Herzog, der seine Ausbildung im Heimatland seiner Mutter, nämlich Brandenburg, bekommen hatte, war ein weitsichtiger Mensch. Er einigte sich mit seinem Bruder, keine Teilung durchzuführen.

1474

e den Städten, wer Herr im Hause ist.

Der sagte zu, weil sowieso nur die Schulden des Dicken geteilt worden wären. Dann begann Magnus II. seine Herrschaft mit einer Sparsamkeit, wie sie das Land vorher nicht gekannt hatte. Jede Rechnung ging über seinen Schreibtisch und wenn etwas nicht stimmte, verhängte er Haushaltsperre oder Zwangsverwaltung. Er qualifizierte seine Beamten und begann mit einer Verwaltungsreform. Innerhalb kurzer Zeit schaffte er es, alle Verpfändungen seines Vaters wieder rückgängig zu machen und eine einigermaßen geplante Wirtschaftspolitik in Gang zu bringen. Der Herzog selbst betrieb Unternehmen, die mit Speck, Silber, Tuchen und Getreide handelten. Er verkaufte sogar Salzheringe bis nach Erfurt. Als er starb, war das Land schuldenfrei. Und auch am mecklenburgischen Himmel war ein Lichtstreif der Neuzeit am Horizont zu sehen. Aber er hatte drei Söhne, von denen der eine – nun ja, bei dem einen war der Großvater wieder ein bisschen durchgekommen.

Zwei delikate Ereignisse

In Magnus II. Regierungszeit fallen zwei sehr delikate Geschichten, die die Zähigkeit der Verabschiedung vom Mittelalter deutlich machen. Die eine, die Domfehde, spielte in Rostock und die andere, ein Judenmord, in Sternberg.

In Rostock schlug Magnus II. 1483 – natürlich aus Sparsamkeitsgründen – vor, die Kirche St. Jacobi in ein Kollegiatstift der landesherrlichen Universität umzuwandeln. Sparsam wie er war, natürlich auf Kosten der Stadt. Die Stadt wehrte sich, wurde vom Papst mit dem Bann belegt und gab nach. Zwei Tage nach der feierlichen Übergabe spielten die Bürger verrückt. Der Kanzler des Stifts wurde misshandelt, Magnus und seine Frau konnten gerade noch entkommen. Das Stift wurde erst 1494 eingerichtet, bekam aber dann die Sponsoren, die es brauchte.

Die Geschichte in Sternberg trug sich im Jahre 1492 zu. Mehrere Juden, so heißt es, hätten sich von einem Pastor zwei Hostien geliehen und sie auf einer Hochzeit mit Messern durchbohrt, bis Blut daraus geflossen wäre. Die Juden hätten die Hostien zurückgegeben, der Priester hätte sie vergraben und aus Angst sich selbst angezeigt.

Daraufhin wurden die 25 Männer und zwei Frauen in Sternberg und der Priester in Rostock verbrannt. Herzog Magnus ließ an der Stelle, wo die Hostien vergraben waren, eine Kapelle errichten, die er die Heilige Bluts-Kapelle nannte. Kurz darauf stellte sich heraus, dass die Hostien wundertätig waren und Sternberg wurde zum Wallfahrtsort. Das hatte natürlich seine guten Seiten. Für das Mittelalter war die Wallfahrt das, was für heutige Zeiten der Tourismus ist. Die Stadt, die eine heilkräftige Reliquie hatte, wurde das Ziel vieler Pilger. Pilger brauchen Essen, Trinken, Übernachtungen, sie brauchen jemanden, der ihnen die Schuhe repariert, und sie kaufen gern Souvenire. So kam es, dass die Stadt Sternberg auf Grund einer eigentlich unangenehmen Angelegenheit zu Geld und Ansehen kam.

Brüder können so gemein sein

Herzog Magnus II. hatte in seinem Testament Landesteilungen für alle Zeiten verboten. Von seinen Söhnen war der erste, Herzog Heinrich V., der Friedfertige, sehr ordentlich. Er führte eine neue Hof- und Regimentsordnung (1504), eine Hofgerichtsordnung (1513) und eine Polizeiordnung (1516) ein. Der zweite, Herzog Albrecht VII., der Schöne, war mehr nach dem Großvater, Heinrich dem Dicken, gekommen; er war nicht nur großkotzig, sondern auch sehr verschwenderisch und er hatte abenteuerliche Pläne: Er wollte König von Nordeuropa werden. Und da er für all das nie Geld hatte, drängte er auf eine Landesteilung. Der fleißige Heinrich musste schließlich verhan-

deln und es kam mit pommerscher Hilfe zum Neubrandenburger Hausvertrag von 1520, nach dem mit Ausnahme von zwölf Städten in den folgenden vier Jahren alles im Herzogtum Befindliche geteilt werden sollte: Alle Dörfer, alle Schlösser, alle Landesabgaben, Zölle und Ge-

1477

richtsgelder, der Hof, die Dienerschaft und die bescheidene Erbschaft der Eltern. Der neue Kurfürst aus Brandenburg, dessen Tochter Albrecht VII. heiraten wollte, freute sich über die Sache: Er wollte den Brautschatz erst herausrücken, wenn die Teilung vollzogen war, damit er nicht auch geteilt würde. Also wurde gemessen und gewogen, gezählt und geschätzt, was das Zeug hielt. Aber schon die Vermessung der Länder und Wälder, die Aufstellung der städtischen Einnahmen und die Anlage der erforderlichen Amtsregister nahm soviel Zeit in Anspruch, dass kein Ende abzusehen war. Daraufhin verklagten sich die Brüder gegenseitig vor dem kaiserlichen Schiedsgericht, später beim Reichskammergericht. Nach fast fünf Jahren juristischen Nachdenkens bestätigte dieses den Vertrag von 1520. Die Brüder gnatzten natürlich weiter. Heinrich stellte sich auf die Seite des deutschen Kaisers, Albrecht, er erhielt Dienstgelder aus Frankreich dafür, auf die des französischen Königs. Heinrich wurde Protestant und stand zum Torgauer Bund, Albrecht blieb Katholik und hielt sich an das Lüneburgische Bündnis.

Nur die Stände stehen

In dieser Situation wandte sich Heinrich, friedfertig wie er war, an die mecklenburgischen Stände. Deren Angehörige verstanden sein Anliegen und ihre Chance sofort und schlossen sich am 1. August 1523 zu einer »Ewigen Union« zusammen. Schon immer hatten sie verstanden, die Herzöge mit deren eigenen Wünschen zu erpressen.

Die Mannen (die Ritter), die Prälaten und die Städte der fürstlichen Lande Mecklenburg, Wenden, Rostock und Stargard garantierten mit dieser Union die Einheit des Landes für »ewig«, d.h. für alle Zeiten. Der Preis dafür war die Erhaltung ihrer Privilegien, die sie seit dem Ende des 13. Jahrhunderts als feste Institution nach und nach ihren Fürsten abgetrotzt hatten.

Die Stände verstanden sich wie ein Landtag, der aber eben nicht durch Wahl, sondern durch Zugehörigkeit konstituiert wurde. Den größten Einfluss hatten nach wie vor die alten mecklenburgischen Adelsgeschlechter, die, obwohl sie bald schon keine Ritterdienste mehr zu erbringen hatten, steuerfrei geblieben waren. Auch die Geistlichkeit konnte für sich Steuerfreiheit in Anspruch nehmen. Die Städte waren als »Landschaft« repräsentiert.

1520

Ein neues Kapitel: Reformation
Reformation ist die Einführung einer neuen Situation unter dem Vorwand, die alte Situation wieder herzustellen. Jedenfalls in Deutschland, wo ja immer am Ende etwas anderes herauskommt, als sich die Leute am Anfang vorgenommen haben und wo es hinterher dann immer keiner gewesen sein kann, weil anfangs alle nur das Beste gewollt haben.

In Mecklenburg begann die Reformation jedenfalls in Rostock. Der Kaplan von St. Marien Joachim Slüter war ein guter Freund Martin Luthers und predigte 1523 das erste Mal in Rostock nach dessen Lehre. Die Leute hörten es gern, was der Kaplan sagte. Zum Beispiel, dass sie die Bibel selber lesen könnten. Oder dass die Bischöfe und der Papst viel zu viel Geld in die eigene Tasche steckten. Und sie hörten es gern, dass der Papst gar nicht im-

mer Recht hatte und schon gar nicht in weltlichen Dingen. Und sie hörten es auch gern, dass sie nur ihrem Gewissen und Gott verantwortlich seien. Und eigentlich keine Beichte mehr brauchten. Und sich selber gegenseitig erziehen konnten. Wie es ja dann auch üblich wurde. Nur ein Beispiel: »Ich erzieh meine Frau mit guten Worten«, sagte der Bauer und schmiss ihr die Bibel an den Kopf.
Und natürlich hörten sie auch gern, dass der Unzucht, die in den meisten Klöstern gegen Ende des 14. Jahrhunderts eingezogen war, ein Ende bereitet werden musste, wobei sie sich sehr gern über alle genauen Umstände dieser Unzucht informieren ließen. Und da Slüter ein guter Entertainer war und als Sohn eines Fährmanns auch gut plattdeutsch sprechen konnte, kamen zu seinen Predigten immer mehr Leute und schließlich passten sie gar nicht mehr in die Kirche und er predigte auf dem Kirchhof unter einer Linde. Weil die Predigten immer länger wurden, brachten sich die Leute gleich was zu essen und zu trinken mit. Schon acht Jahre später wurde 1531 nach vielen Widerständen festgelegt, dass in allen vier Kirchen Rostocks nur noch nach evangelischer Ordnung gepredigt werden durfte.
Anderswo war man etwas zögerlicher mit der Einführung der Reformation und es kam zu Aufläufen und Unruhen. In Wismar beispielsweise drängte 1534 zur Weihnachtsmesse eine Menge von Menschen in die Klosterkirche der Dominikaner, sang böse Lieder, warf Eisstücke und Schneebälle und verjagte den Organisten und den diensttuenden Pastor. Der Rat informierte sich in Rostock und entschied, die Kirche zu schließen und sie erst wieder zu öffnen, wenn sie zur neuen Lehre übergetreten war.

Visitation als Mittel der Innenpolitik

Bereits 1535 erfolgte im Auftrag des Herzogs, der sich von der Reformation allerhand verprach, in 34 Ortschaften und Städten Mecklenburg-Schwerins eine kirchliche Visitation. Sie brachte haarsträubende Zustände zu Tage. Die evangelischen Pfarrer, oft genug nur gewendete katholische Pastoren, wurden als geistig beschränkte und heuchlerische Sündenböcke eingeschätzt. Ihnen wurde Diebstahl, Vergehen am Kircheneigentum und die Verbreitung von Irrlehren vorgeworfen. Des Weiteren wurde festgestellt, dass die Kinder weder buchstabieren noch zählen konnten und Schwierigkeiten hatten, den Apostel Paulus und die Jungfrau Maria auseinanderzuhalten.
Die Universität wurde angehalten, die Theologiestudenten sorgfältiger auszuwählen. Und allen Gemeinden wurde empfohlen, Schulen einzurichten und die Kinder in der Heiligen Schrift und anderen guten Künsten und Tugenden zu unterweisen. Im Güstrower Landesteil bremste Albrecht VII., der Schöne, die Entwicklung, weil er seine nordeuropäischen Illusionen nicht hatte durchsetzen können, vergnatzt bis zu seinem Tod. Aber sein Sohn Johann Albrecht I. wurde nach seiner Machtübernahme zur neuen Hoffnung des Landes.

Luther ist unser Mann

Am 20. Juni 1549 wurde das evangelische Bekenntnis auf einem Landtag der Stände in Sternberg durch Heinrich V. und seinen Neffen Johann Albrecht I. offiziell eingeführt. Natürlich wussten die Versammelten, was sie taten und gegen wen sie sich da entschieden. Der Kanzler formulierte in seiner Rede: »Wenn der Kaiser es so befiehlt und Gott

anders, wie soll man dann entscheiden – der Größere ist Gott! Verzeih, oh Kaiser, du drohst mit Kerker, Gott droht mit der Hölle!«

Ein gutes Argument – wer sollte etwas dagegen sagen. Die Stände entschieden sich eindeutig, wenn auch nicht einstimmig und damit hatte Mecklenburg ab 1549 die lutherische Konfession. Und konnte mit kräftiger Stimme singen: »Ein feste Burg ist unser Gott ...« Nach dem Tode Heinrichs V. veranlasste der Neffe, der nun ganz Mecklenburg regierte, alles Nötige: Eine neue Kirchen- und Schulverfassung, die Gründung mehrerer Schulen für Pfarrer, die Einstellung der Universität Rostock auf die neuen Anforderungen und die Übernahme des kirchlichen Vermögens.

In Pommern war das natürlich alles schon längst passiert. Die Herzöge fanden die Reformation sympathisch. Herzog Barnim XI. hatte als Student in Wittenberg Luthers Disputationen gehört. Außerdem hatte er einen guten Draht zu dem gelehrten Kirchenmann Bugenhagen, der Luthers Beichtvater gewesen war und die Bibel in die plattdeutsche Sprache übersetzt hatte. Im Oktober 1534 wurde ein Landtag einberufen, um den »Zwiespalt in der Religion« zu beseitigen. Gegen den Widerstand des Adels fiel die Entscheidung für die Reformation. Ab 1539, als sich auch Brandenburg-Preußen für die neue Glaubensvariante entschieden hatte, gab der Adel seine Einwände auf und seitdem gab es auch in Pommern eine ordentlich arbeitende evangelische Landeskirche.

Jeder kriegt, was ihm zusteht

Schon als sich der Erfolg der Reformation abzeichnete, stellte sich die Frage, wer die Klöster und all das andere schöne Vermögen der Kirche bekommen sollte. Interessenten gab es genug: zunächst die Herzöge selbst, dann die Stände, natürlich die Städte und vor allem die Ritter. Auch ehemalige Geistliche meldeten privates Interesse an. Im Ruppiner Schiedspruch von 1556 wurde diese Frage nach allerlei Hickhack eindeutig zugunsten der Herzöge entschieden, was natürlich spätere Korrekturen nicht ausschloss.

Herzog Johann Albrecht I. hatte das Kirchenvermögen der besseren Kontrolle wegen in seinen eigenen Besitz überführt. Das war nun den Ständen nicht ganz geheuer. Sie bestanden auf einer Beteiligung und so kam es nach langen Diskussionen 1572 zu einem Vergleich: Die Ritter- und Landschaft übernahm die Schulden des Herzogs und erhielt dafür die Jungfrauenklöster Malchow, Dobbertin und Ribnitz. Die Stadt Rostock erhielt 1584 das Kloster zum Heiligen Kreuz für die »Auferziehung und Unterhaltung inländischer Jungfrauen«.

Auch in Vorpommern wurde der kirchliche Grundbesitz säkularisiert, d.h. eingezogen. Die Klöster wechselten ihre Besitzer, sie wurden »aufgehoben«. Die Klöster Bergen und Verchen wurden »Zuchtschulen« für adlige Jungfrauen. Die Prälaten waren nach dem Prinzip »eene meene muh, und raus bist du« von der Verteilung ausgeschlossen, es sei denn, sie hatten eine Anstellung in der neuen Landeskirche gefunden. Da der Papst und die Bischöfe out waren, konnte die Kirche insgesamt wirtschaftlicher arbeiten.

Im Jahre 1555 wurde im Augsburger Religionsfrieden für das Deutsche Reich geregelt, dass die Landesherren und freien Städte in ihren Gebieten das Recht der Reformierung haben. Mit anderen Worten: Der Landesherr konnte über die Religionszugehörigkeit seiner Untertanen entscheiden. Auf den ersten Blick ein salomonisches Urteil.

Der Papst ist out!

Alles wird geordnet

Die neue Religion wandte sich gegen den Luxus als verderbliche Gefahr für Leute, die ihn nicht gewohnt waren, und legte Wert auf ein gutes Gewissen. Deshalb kam es auch zu neuen Vorschriften im Bereich der öffentlichen Ordnung. Beispielsweise veröffentlichte der »Ehrbare Rat der Stadt Rostock« 1591 eine »revidierte und verbesserte« Kleiderordnung, die für jeden Stand vom Bürgermeister bis zum Handwerker, von den Töchtern der vornehmen Ämter bis hin zu den Frauen der Tagelöhner genau festlegte, was man bei welcher Gelegenheit anzuziehen hatte und wie viel Tisch- und Bettwäsche zur Hochzeitsausstattung gehörte. Für den Fall der Zuwiderhandlung und des Ausdenkens neuer Muster wurden erhebliche Geldbußen und Strafen angedroht. Nichts da mit modischem Firlefanz und Designerklamotten! Das Rostocker Stadtrecht, so haben die Alten immer gesagt, fängt dort an, wo die Vernunft aufhört. Aber protestantisch war es allemal.

Teilung, die Zweite

Als die mecklenburgischen Herzöge Adolf Friedrich I. und Hans Albrecht II. im Jahre 1608 volljährig wurden, konnten sie sich nicht entscheiden, wer von ihnen amtieren sollte. Daraufhin wurde am 3. März 1621 gelost und geteilt. Die Trennung in Mecklenburg-Schwerin und Mecklenburg-Güstrow hatte eine lange Vorgeschichte. Nun war sie da und trotzdem blieb eine äußere Einheit erhalten. Sie wurde in erster Linie durch die Stände repräsentiert, die einen ständigen Ausschuss zur Begleichung der fürstlichen Schulden schufen und ihre Tagungen nach wie vor gemeinsam fortsetzten und zwar ein Jahr ums andere in Malchin oder in Sternberg. In zweiter Linie garantierte ein Konsistorium der Landeskirche den Eindruck äußerer Einheit, der auch von den Herzogsbrüdern nicht ignoriert werden konnte. Der große Krieg, der zu diesem Zeitpunkt bereits begonnen hatte, sollte allerdings zwischen dem Schweriner und dem Güstrower Landesteil keinen Unterschied machen.

Das Ende der Greifen

In der zweiten Hälfte des 16. Jahrhunderts kehrte auch in Pommern keine Ruhe ein. Ein Herzog nach dem anderen starb, viele von ihnen viel zu früh. Eine Teilung jagte die andere, ein Erbvertrag löste den anderen ab. Dabei hatten die Männer wirklich Ideen. Herzog Bogislaw zum Beispiel wollte mit Franzburg als adliger Stadtrepublik ein pommersches Venedig schaffen, das Stralsund den Rang ablaufen sollte.

Im Jahre 1618 wurde einer fast achtzigjährigen Frau namens Sidonia von Bork, die in ihren jungen Tagen die Geliebte des Herzogs Ernst Ludwig gewesen war, vorgeworfen, dass sie die Ausrottung des pommerschen Fürsten-

hauses geplant und in Gang gesetzt habe. Die arme Frau hatte zu ihrer Verteidigung nichts zu sagen, bekannte sich auf der Folter schuldig und wurde 1619 dem Scharfrichter zugeführt. Kurz vor ihrem Tod soll sie gemurmelt haben, dass Pommern den nächsten Krieg nicht überleben werde. Wenn die Überlieferung stimmt, hatte sie Recht: Mit Bogislaw XIV. starb 1637 in der Zeit des Dreißigjährigen Krieges das Greifengeschlecht aus.

Neutralität muss man sich leisten können

Als 1618 der europaweite Krieg zwischen dem katholischen Süden und dem evangelischen Norden begann, versuchten sich die Fürsten in Mecklenburg wie auch in Pommern zunächst herauszuhalten. Es war, als ob sie ahnten, was da auf sie zukam. 1625 mischte sich der dänische König Christian IV., ein eifriger Protestant, in die Auseinandersetzungen ein und brachte dadurch Mecklenburg als Kriegsschauplatz in Vorschlag. Der kaiserliche General Tilly nahm die Idee sofort auf und besiegte die Dänen ersteinmal.

Kurz darauf rückte der kaiserliche Feldherr und Militär-Unternehmer Wallenstein mit 70 000 Mann an und übernahm Mecklenburg. Der Kaiser ernannte ihn in völliger Verkennung der Lage zum »General des ozeanischen und baltischen Meeres« und beauftragte ihn, Dänemark und Schweden auf dem Seewege vollständig zu besiegen. Da

Wallenstein zu dieser Zeit weder Schiffe noch Häfen (und selbstverständlich auch keine Kapitäne) hatte, musste er die Hansestädte kleinmachen und deren Schiffe als Grundstock für die habsburgische Flotte requirieren. Wismar ergab sich schon 1627 und kam glimpflich davon. Rostock gab nach einigem Geplänkel auch nach. Aber Stralsund, das sich auf schwedische und dänische Hilfe stützen konnte (z.B. schickte der schwedische König der Stadt 100 Zentner Pulver ohne jede Bedingung), widerstand allen Angeboten, allen Granaten und allem Hussah-Geheul tapfer.

Mal ein anderer Herzog

Da die mecklenburgischen Herzöge auf der falschen Seite gestanden hatten, setzte sie der deutsche Kaiser Ferdinand II. wegen Hochverrats ab. Das eroberte Mecklenburg übereignete er 1628 seinem General Wallenstein als Pfandbesitz, um ihn für ausgelegte Kriegskosten zu entschädigen. Natürlich klagten die Herzöge in Wien dagegen und natürlich wurden sie auf den Rechtsweg verwiesen, der damals noch länger und umständlicher war als heute. Wallenstein jedenfalls, der neue Besitzer, schickte den Herzögen einen Brief, in dem er sie aufforderte, das Land so schnell wie möglich zu verlassen, weil - wie er schrieb - »zwei Hähne nicht auf einem Mist taugen«. Und das muss mit »furia« geschehen, brüllte er noch, als er den Brief dem Eilboten übergab. »Furia« war eines seiner Lieblingswörter.

Die ersten vier Wochen wohnte Wallenstein auf der Festung Dömitz. Dann residierte er in großem Stil in Güstrow und sorgte dafür, dass Mecklenburg, also sein neues Herzogtum, von Plünderungen und Kriegshandlungen freiblieb.

In kürzester Zeit ordnete er so ziemlich alles neu. Er machte die Stände zu Marionetten, erneuerte die Verwaltung, das Steuerwesen, die Gerichtsbarkeit, das Straßennetz, das Postwesen und das Armenwesen.

Sogar für die Bierbrauerei galten neue Gesetze. Im Schlossgarten Güstrow wurden neue fremdländische Gewürze angebaut. In Rostock wurde die Reorganisation der Universität und die Berufung des Astronomen Johannes Kepler angewiesen, aber Änderungen und Berufungen an einer Universität brauchen viel Zeit und ihre Realisierung erfordert manches Herrscherleben. Im Mai 1629 schaffte es Wallenstein sogar, mit dem dänischen König den Frieden von Lübeck zu vereinbaren. Es schien so, als ob er sich für alle Ewigkeit einrichten wollte.

den Rechtsweg
Adolf Friedrich I
Wallenstein

Die Schweden kommen

Wie sich in den folgenden Jahren zeigen sollte, eigneten sich Mecklenburg und Pommern, vor allem aber Vorpommern, hervorragend als Kriegsschauplätze.
Jedenfalls landete Gustav II. Adolf, der Schwedenkönig, im Jahre 1630 mit etwas über 15 000 kampfeswütigen Landsknechten auf der Insel Usedom und übernahm die Verwaltung Pommerns. Man nannte ihn »Löwe aus Mitternacht« und erzählte, dass er tausend Zauberer im Gefolge habe. Dementsprechend hatte man Angst vor ihm. Er besetzte Neubrandenburg und holte die beiden mecklenburgischen Herzöge, da sie Protestanten waren, 1631 aus dem Exil zurück. Sie bezogen ihre Residenzen in Güstrow und Schwerin und schlossen aus Dankbarkeit mit den Schweden ein Bündnis. Sie erkannten die Oberhoheit des schwedischen Königs an, verpflichteten sich, jeden Monat 10 000 Taler Kriegsbeihilfe an Schweden zu zahlen, Wismar und Warnemünde abzutreten und mit Schweden eine Währungsunion einzugehen. Natürlich machten sie alle Veränderungen, die Wallenstein durchgesetzt hatte, wieder rückgängig. Auch die Stände bekamen wieder ihren angestammten Platz.
Als 1637 der letzte pommersche Herzog starb, zog das ganze Schwedenheer aus Mecklenburg nach Pommern, um zu verhindern, dass die Brandenburger dort namens ihrer Erbverbrüderung einrückten.

Mecklenburg wird abgebrannt. Pommern auch

Und so ging es hin und her; für die Einwohner war es aber allemal dasselbe. Söldner, egal für wen sie kämpfen, sind Leute mit viel Bewegung an frischer Luft und daher sehr gefräßig. Außerdem brauchen sie viel zu trinken. Zum einen, weil die Luft auf Straßen und Schlachtfeldern immer staubig ist und zum zweiten, weil sie immer was zu feiern oder zu vergessen haben, mal einen Sieg und mal eine Niederlage. Und dann brauchen sie Abwechslung, mal eine Frau und mal jemand, den sie ärgern können.
Anno 1637 kamen die Kaiserlichen und drangsalierten und hausierten, dass es, wie ein Chronist schrieb, einen Stein in der Erde hätte erweichen müssen. Ein Jahr darauf kamen die Schweden und machten aus Mecklenburg – wieder der Chronist – ein »Ekelnburg«, indem sie peinigten, mordeten und stahlen, was das Zeug hielt. Inzwischen hatte sich Dänemark für den deutschen Kaiser entschieden und kämpfte an seiner Seite gegen die Schweden – natürlich auf mecklenburgischem Boden. Zur Unterstützung der Dänen kamen die Brandenburger im Auftrag des Kaisers und auch die tobten sich noch einmal gegen die Schweden aus. Erst 1644 verzogen sich die kämpfenden Truppen allmählich nach dem Süden und man hatte es hierzulande nur noch mit den gewöhnlichen alltäglichen Plünderungen und Gewalttaten zu tun.
Mecklenburg und Pommern waren nach diesen Auseinandersetzungen völlig abgebrannt. Der schwedische General Banér, der fürwahr nicht sentimental war, schrieb in einem Bericht an seinen Kanzler Oxenstierna: »In Mecklenburg ist nichts als Sand und Luft, alles bis auf den Erdboden verheert; Dörfer und Felder sind mit krepiertem Vieh besät, die Häuser voll toter Menschen, der Jammer ist nicht zu beschreiben.« Er hätte dasselbe über Pommern schreiben können.

Sogar der Herzog ist tot

Wie sagt doch der Mecklenburger? Seitdem der Tod auf der Welt ist, ist sich kein Mensch mehr seines Lebens sicher. Und tröstlicher: Einen Tod kann der Mensch nur sterben. Statistiker haben berechnet, dass während des

1637

Die Bevölkerung in Mecklenburg wurde um die Hälfte reduziert.

in Pommern um zwei Drittel

Dreißigjährigen Krieges die Bevölkerung von Mecklenburg um die Hälfte und die von Pommern um zwei Drittel reduziert wurde. In manchen Gegenden waren nur noch sieben Prozent der Bauernhöfe besetzt. In Ückermünde wohnten noch acht Männer und sieben Witwen. Wo der Krieg nicht hinkam, da meldete sich noch einmal die Pest. Kein Wunder, dass der pommersche Herzog Bogislaw XIV. 1633 nach soviel Ärger einen Schlaganfall bekam, regierungsunfähig wurde und 1637 starb und dass das 1634 gebildete, aus Beamten bestehende, pommersche Regierungskollegium sich ein Jahr später (1638) von selbst auflöste.

Ein trauriges Lied

Im menschenleeren Pommern und anderswo sangen die Kinder, wenn gerade keiner in der Nähe war, der ihnen das letzte Hemd nehmen konnte:

»Maikäfer, flieg!
Dein Vater ist im Krieg.
Deine Mutter ist in Pommernland,
Pommernland ist abgebrannt
Maikäfer, flieg!«

Wenn es viele Maikäfer gibt, droht Krieg. Sagen die alten Hexenbücher.

Gut geteilt ist halb gewonnen

Der Westfälische Friedensschluss von 1648, der den Dreißigjährigen Krieg beendete, wurde mit einem großen barocken Festessen abgeschlossen, auf dem die Herren sich gegenseitig zu ihren Erfolgen beglückwünschen und zutoasten konnten.

In den Verhandlungen, die übrigens drei Jahre dauerten, war festgelegt worden: Vorpommern wird schwedisch und Hinterpommern wird brandenburgisch und Mecklenburg bleibt Mecklenburg. Der Schwedenkönig durfte sich nun Fürst von Rügen und Herzog von Pommern nennen; er bekam Sitz und Stimme im deutschen Reichstag. Der brandenburgische Kurfürst bekam Halberstadt und Magdeburg dazu, die Mecklenburger die Bistümer Ratzeburg und Schwerin. Und angesichts der allgemeinen Lage hätten damit alle leben können.

1653 wurde im Vertrag zu Stettin die brandenburgisch-schwedische Grenze in Pommern festgesetzt und die Schweden mussten aus Hinterpommern abziehen. Die mecklenburgischen Herzöge hatten für diese Konstellation ein kleines Opfer zu bringen: Sie mussten die Stadt Wismar sowie die Ämter Poel und Neukloster an Schweden abtreten.

Dafür bekamen sie die Bistümer und die Komtureien von Mirow und Nemerow als erblichen Besitz.

Neuer Ärger

Natürlich war mit dem Westfälischen Frieden von 1648 neuer Konfliktstoff vorprogrammiert. Alle waren unzufrieden. Am meisten aber der Kurfürst von Brandenburg. Er hätte gern das ganze Pommern gehabt. Seit seiner Jugend hatte er sich gewünscht, Brandenburg zu einer den Niederlanden vergleichbaren See- und Handelsmacht zu machen. Zuerst versuchte er, mit den Schweden zu tauschen. Er bot ihnen für Vorpommern Minden und Magdeburg sowie eine Menge Geld an. Als das nicht klappte, nutzte er den Ersten Nordischen Krieg (1655-1660) und vertrieb die Schweden zusammen mit polnischen und kaiserlichen Truppen. Das nun passte Frankreich als Garantiemacht des Westfälischen Friedens nicht. Der Kurfürst wurde vom Kaiser zurückgepfiffen und musste Vorpommern wieder verlassen. Als Entschädigung erhielt er im Frieden von Oliva 1660 die Selbstständigkeit des Herzogtums Preußen bestätigt.

Ludwig XIV. von Frankreich, von wegen Sonnenkönig, veranlasste die Schweden, in Brandenburg einzufallen. Der Kurfürst, seit jenen Tagen der Große genannt, besiegte sie 1675 bei Fehrbellin. Was übrig blieb, jagte er im Winterfeldzug von 1678/79 an die Ostseeküste. Und wieder durfte er die Chance auf Grund einer erneuten französischen Intervention nicht nutzen und musste 1679 alles zurückgeben. Wobei der deutsche Kaiser damit ganz gut leben konnte. Er wollte sowiewo an der Ostsee keinen neuen – wie man in Wien sagte – »Vandalenkönig« haben.

Bauernlegen in Mecklenburg

Schon vor dem Dreißigjährigen Krieg hatten die mecklenburgischen Gutsherren sich Bauernland angeeignet. Sie hatten den Krieg alles in allem noch mit am besten überstanden und konnten weiterhin ihrer Herrschaft zuschlagen was ihnen genehm war. Da die Gutsbesitzer in ihren Herrschaften zugleich auch Gerichtsherren waren, konnten sie die Pflug- und Gespanndienste der Bauern erhöhen oder ihr Erbrecht an Grund und Boden unterhöhlen, ohne überhaupt in den Verdacht zu kommen, etwas Unrechtes zu tun. Es entstand das, was man »Bauernlegen« nennt. Der Trick war ganz einfach: Die Bauern sollten Urkunden vorlegen, auf denen ihr Erbrecht nachgewiesen wurde. Da ihre Familien aber niemals solche Urkunden bekommen hatten, konnten sie sie natürlich nicht vorweisen und das hatte zur Folge, dass sie ihr Eigentum verloren. Nachdem sie aber ihr Eigentum verloren hatten, konnten sie sich auch nicht mehr bei einem der übergeordneten Gerichte beschweren, da als Kläger nur zugelassen wurde, wer über Eigentum verfügte. Natürlich brauchten die Gutsbesitzer auch Arbeitskräfte. Also wurden die »frei« gewordenen Bauern, die ja nun sozusagen Landstreicher und Habenichtse waren, wieder durch rechtliche Konstruktionen an den Boden – bzw. die »Scholle« gebunden – nur eben nicht mehr als freie Bauern, sondern als Leibeigene. Im Jahre 1599 wurde durch gelehrte Juristen das römische Sklavenrecht auf die Bauern übertragen. Der Gutsherr hatte in seiner Herrschaft alles in der Hand. Er war Grundherr über den Boden, er war Gerichtsherr, er war Herr über die Leibeigenen und er war Patronatsherr, indem er für die Alten und Kranken sorgen sollte.

Die wachsende Macht der Grundherren führte in eine Praxis der Entmündigung und Rückständigkeit, die in anderen Ländern Deutschlands kaum eine Entsprechung hatte. 1654 wurde in Mecklenburg-Schwerin eine »Gesinde-Tagelöhner-Baur-Schäffer-Tax- und Victualordnung« verabschiedet, die die Knecht- und Leibeigenschaft samt Weibern und Kindern sowie die Erbuntertänigkeit der Bauern für alle Zeiten festlegte.

Die zunehmende Macht der Grundherren in ihren Herrschaften und in den Ständen machte aus Mecklenburg das, worüber man sich anderenorts je nach politischem Temperament zornig entrüstete oder höhnisch lächelnd amüsierte: Ein Land ohne Gerechtigkeit, ohne Bauern und ohne historischen Anspruch.

In Schwedisch-Vorpommern ist alles besser ...

Eine alte Sage erzählt von einem Gutsherren im Mecklenburgischen, der seine Knechte und Tagelöhner immerfort mit der Reitpeitsche schlug. Eines Tages, so erzählt die Überlieferung, kriegt einer von ihnen die Peitsche zu fassen und schlägt zurück. Als der Herr wieder zu sich kommt, schickt er alle seine Tagelöhner mit Pferden los, um den Kerl einzufangen. Sie jagen ihm hinterher bis über die Grenze bei Wismar und blieben selbst auch gleich da. Natürlich mussten sie bei den Schweden erst einmal Soldaten spielen, aber später sollen sie alle eine gute Anstellung gekriegt haben.

Schwedisch-Pommern gab es von 1648 bis 1815. Es war für Schweden eine Ostseefestung, eine Kornkammer, ein Experimentierfeld und für schwedische Beamte je nach Alter ein Ort der Karriere oder ein Ort der Bewährung – eine Versetzung nach Vorpommern war eine Strafversetzung. Schwedische Studenten gingen an die Universität Greifswald, schwedische Jungfrauen, die es bleiben wollten, trieben in alter Tradition in Vorpommern ab. Freilich, Bauernlegen gab es auch. Aber da die Stände nicht die Macht hatten wie in den beiden Mecklenburg, blieb alles etwas gemäßigter.

Die Vorpommern wiederum eigneten sich als tapfere Soldaten im schwedischen Heer. Später hatten sie auch Posten in der Lebensmittelversorgung und im Gesundheitswesen. Pommersche Ärzte verdienten in Schweden immer etwas mehr als zu Hause. Das alte Lied, dass es sich unter den drei Kronen gut wohnen lasse, wurde ziemlich oft gesungen.

Natürlich mit einem Seitenhieb nach Mecklenburg. Und mit einem anderen nach Preußisch-Pommern, also Hinterpommern, wo die Korporale und die Beamten das Sagen hatten.

1654

Ein Land ohne Gerechtigkeit, ohne Bauern
und ohne historischen Anspruch.

Stück für Stück

1701 war Brandenburg-Preußen dank der Zähigkeit des Großen Kurfürsten Königreich geworden. Der neue König hatte natürlich auch anderes zu tun, aber an Vorpommern dachte er mindestens jeden Tag einmal.

Im gleichen Jahr begann der Nordische Krieg zwischen Schweden und Russland. Der große Held Karl XII. von Schweden verlor 1709 bei Poltawa und versuchte anschließend, die Türkei zu einem Krieg gegen Russland zu überreden. Die Türken lehnten höflich, aber entschieden ab.

Herzog Friedrich Wilhelm entdeckt seine Liebe zu Preussen.

Europa war ihnen als Kriegsschauplatz momentan eine Nummer zu groß.
Als russische Truppen bis nach Pommern und Mecklenburg kamen und seine letzte Festung Stralsund bedrohten, ritt der schwedische König in wenigen Tagen im Eilmarsch quer durch Europa, um seinen Leuten zu helfen. Er und seine Leute verteidigten Rügen und Stralsund heldenhaft, konnten aber nach ein paar Wochen der Übermacht der anderen Seite nicht mehr widerstehen. Karl XII. segelte mit einer Schaluppe nach Schweden.
1720, im Frieden zu Stockholm, kriegte Preußen wieder nicht alles, was es sich gewünscht hatte. Greifswald, Stralsund und Rügen blieben, diesmal dank einer englischen Intervention, bei Schweden. Aber die Provinz Pommern reichte nun immerhin schon bis zur Peene. Sie wurde weiter nach preußischem Zuschnitt regiert, repariert und rationalisiert. Und in ihr wurde pariert. Stettin wurde aber eben kein Tor zur Welt, sondern bloß eine beliebige Provinzhauptstadt.

Ein Abenteurer

In Mecklenburg war alles beim Alten geblieben. Die Herzöge bestätigten im Unterschied zu den beiden Pommern die Privilegien der Stände, obwohl sie sie eigentlich auch nicht leiden konnten und am liebsten zur Hölle geschickt hätten.
Adolf Friedrich I. von Mecklenburg-Schwerin beispielsweise warnte seine Söhne auf dem Totenbett davor, den Ständen zu trauen und ihnen zuviel Macht zu geben. Aber das war zu spät und half auch nichts mehr. Ab 1659 regierte Christian Ludwig, der sich »Louis« nannte, weil er Frankreich so liebte. Er unterstützte den französischen Ludwig XIV. gegen Holland mit 3000 mecklenburgischen Soldaten und Mecklenburg büßte dafür mit Einfällen der Brandenburger und Dänen während des Holländischen Krieges (1672-1678/79).
Er starb 1692 in Haag, an Aussatz – beides Folgen seiner französischen Beziehungen.

Landesteilung, die Dritte

1695 folgte ihm sein Güstrower Vetter ins Grab und zwar wieder einmal ohne einen Erben zu hinterlassen oder doch wenigstens seine Nachfolge geregelt zu haben. Und so kam es zwischen Herzog Friedrich Wilhelm, dem Neffen und Nachfolger Christan Ludwigs und dessen Bruder bzw. Friedrich Wilhelms Onkel Adolf Friedrich II. wieder einmal zu einem Streit um das Erbe beider Häuser.
Nachdem sich schwedische, brandenburgische und niedersächsische Truppen mit dem Fall auf ihre Weise und sehr kostenintensiv beschäftigt hatten, kam es schließlich mit Zustimmung des Kaisers am 8. März 1701 zum sogenannten Hamburger Teilungsvertrag. Der Schweriner Herzog, also Friedrich Wilhelm, bekam Mecklenburg-Schwerin und Güstrow, da das dort regierende Herzogshaus ausgestorben war, dazu.

Adolf Friedrich II. wurde Herzog von Mecklenburg-Strelitz und bekam Stargard, Mirow, Nemerow und Ratzeburg dazu. Und weil das ein bisschen wenig war, bekam er jährlich noch 9000 Taler aus dem Boizenburger Elbzoll extra.
Die Union der Landstände, die Gerichte sowie die Kirchenordnung blieben jedoch für beide Landesteile gemeinsam bestehen. Und man berief sich auf die Vereinbarung von 1523 und das machte nun auch wieder Sinn.
So blieb alles beim Alten, aber eben doch beieinander.

Preußische Verwandtschaft ...

Im Teilungsvertrag war klugerweise festgehalten worden, dass in Zukunft immer der Älteste alles erben sollte, damit keine weiteren Teilungen nötig sind. Aus dieser Regelung ergab sich nun, dass die Stände nur vom Schweriner Herzog einberufen werden konnten. Daraufhin kündigte Adolf Friedrich II. die ständische Union und rief seine Stargarder Stände nach Neubrandenburg ein.

Der Schweriner Herzog Friedrich Wilhelm entdeckte unter diesen Bedingungen seine Liebe zu Preußen neu und schloss mit ihm 1708 ein Schutzbündnis, das durch die Verheiratung des preußischen Königs mit der Schwester des Herzogs gefestigt wurde. So konnte ihm sein neuer preußischer Schwager Truppen zur Unterstützung schikken, als er mit seinen Ständen Ärger hatte.

In diesem Bündnis wurde eine Vereinbarung erneuert, die schon 1442 und 1693 getroffen worden war, nämlich die, dass Preußen Mecklenburg erben sollte, wenn kein Nachfolger zur Verfügung stünde. In der Hoffnung, dass das bald passieren könnte, nahm der preußische König schon einmal Wappen und Titel der mecklenburgischen Herzöge an, was natürlich Adolf Friedrich II. in seinem Strelitz zur Weißglut brachte, schon deshalb, weil man ihn wieder einmal nicht gefragt hatte. Ihm war die preußische Verwandtschaft einfach zu aufdringlich.

Um sein Budget etwas aufzubessern, vermietete Friedrich Wilhelm im Spanischen Erbfolgekrieg an den Kaiser Soldaten. Danach fuhr er zur Kur nach Karlsbad. Die schlug aber nicht mehr an; kurz darauf verstarb er, gerade 38 Jahre alt und – dummerweise ohne Söhne.

... und russische Verwandtschaft

Die Herrschaft ging an seinen Bruder, Herzog Karl Leopold von Mecklenburg.

Der heiratete die Nichte Peter I. (des Großen) und beteiligte sich an der Seite Russlands und Dänemarks am Nordischen Krieg. Das brachte ihm wie zu erwarten enorme Schulden ein. Um deren Begleichung durch die Stände zu erzwingen, rief er russische Truppen zu Hilfe, die natürlich vor allem für sich selber sorgen mussten, da Russland so weit weglag. Die Stände beschwerten sich beim Kaiser und der schritt 1719 zur Reichsexekution, d.h. er beauftragte den Kurfürsten von Hannover, der als Georg I. seit 1714 zufällig gleichzeitig englischer König war, Mecklenburg mit hannoverschen und braunschweigischen Truppen zu besetzen und den Herzog zur Ordnung zu rufen. Karl Leopold organisierte einen Volksaufstand. Er versprach allen alles und schien schon etwas Erfolg zu haben, als ihn der Kaiser 1728 von der Regierung suspendierte und seinen Bruder Christian Ludwig II. als kaiserlichen Kommissarius einsetzte, um wieder Ordnung im Lande zu schaffen. Aber das war eine schwierige und zeitaufwändige Angelegenheit.

Ständische Beständigkeit

Christian Ludwig II., der Kommisarius des Kaisers und der Bruder der beiden Vorgänger, übernahm die Regierungsgeschäfte mit 64 Jahren. Als großer Kunstsammler und Theaterliebhaber gründete er eine Galerie französischer und holländischer Bilder und die Deutsche Schauspielakademie mit dem jungen Konrad Ekhof.

1748 versuchte er noch einmal, die Landstände zu trennen und damit faktisch zu entmachten. Aber die wussten, woher der Wind wehte und reagierten mit einer großen Geste: Die Ritterschaft legte Protest ein und erneuerte ihre Verbrüderung mit Unterschrift und Siegel. So kam es denn schließlich zu jenem berüchtigten Landesgrundgesetzlichen Erbvergleich von 1755, der die Bewilligung von Geldern für die Herzöge regelte und die Leibeigenschaft in Mecklenburg nochmals und für alle Zeiten zum Gesetz machte. Und der den Herzögen versagte, der Ritterschaft

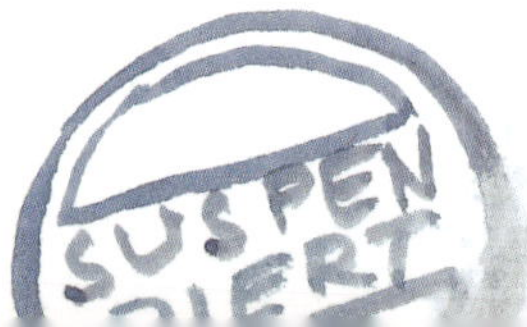

1728

Friedrich Wilhelm I. »Die Pommern sind treu wie Gold«

Friedrich II. »Strenge ist nicht am Platze«

auch nur in irgendeiner Nebensache eine Vorschrift zu machen. Mecklenburg-Strelitz trat dem Gesetz durch Anerkennung bei. So gab es zwar keinen absolutistischen Staat in Mecklenburg und keine zeitgemäße Behördenorganisation, aber eine gute barocke Fassade, mit der wir noch heute angeben können.

Im preußischen Pommern geht's voran

Während sich die beiden Mecklenburg immer weiter in eine historische Verspätung hineinritten, war es den preußischen Königen Friedrich Wilhelm I., dem Soldatenkönig, und seinem großen Sohn Friedrich II., gelungen, das zu ihnen gehörende Pommern in den preußischen Staat zu integrieren. Sie wussten, mit wem sie es zu tun hatten. Der Erste schrieb in seinem Testament, dass die Pommern treu wie Gold seien und dass man sie im Bedarfsfall mit ein paar guten Worten schnell beruhigen könne. Und der Sohn notierte 1752: »Die Pommern haben einen geraden und schlichten Sinn. Unter den Untertanen aller Provinzen eignen sie sich am besten für den Kriegsdienst und für alle anderen Ämter. Nur mit diplomatischen Verhandlungen möchte ich sie nicht betrauen ...« Einige Jahre später kommt er noch einmal auf das Thema zurück und ergänzt: »Natürlich ist der kleine Mann misstrauisch und dickköpfig, auch wohl selbstsüchtig, aber weder grausam noch heftig«. Und er befindet: Strenge ist nicht am Platze.

Pommern war eben anders als Mecklenburg. Die Stände hatten ihren Einfluss verloren; der pommersche Adel zahlte sogar freiwillig Steuern.

Als Friedrich II. neue Soldaten brauchte, dachte er über die Beendigung der Leibeigenschaft in Pommern nach. Aber er musste nach einigem Nachdenken zugeben, dass das nicht machbar war: Entweder die Adligen wurden ruiniert oder sie mussten entschädigt werden. So siedelte er in seinem eigenen Domanium neue Bauern an, indem er Siedlungsland aus Waldrodungen oder durch Melioration gewann. In seiner Regierungszeit kam es in Pommern zur Gründung von fast 2000 neuen Siedlungen und Dörfern. Neue Transportwege entstanden: Der Elbhandel wurde auf die Oder umgeleitet. 1751 hatte Preußen endlich die Verbindung zu den Weltmeeren, die es sich schon ewig gewünscht hatte. Aber die waren zu diesem Zeitpunkt schon besetzt.

Sieben Jahre Krieg

Ganz besonders viele Soldaten brauchte Preußen im Siebenjährigen Krieg von 1756 bis 1763, als es Russland, Österreich und Schweden zu Gegnern hatte. Dieser Krieg fand zu einem großen Teil auf mecklenburgischem Boden statt, was nicht mehr nur Werbungen, sondern auch Kontributionen und Requirierungen mit sich brachte. Friedrich II. verglich Mecklenburg mit einem Mehlsack, aus dem man herausholen könne, was man wolle, wenn man nur ordentlich draufschlage. 1759 befahl er, Mannschaften und Pferde ausschließlich aus Mecklenburg zu holen. Es wurde ärger als zuvor. Wenn die Werber und die preußischen Proviantkommissare kamen, floh die Bevölkerung in die Wälder und Sümpfe.

Die Preußen brauchen jeden Mann

Seit Preußen Königreich geworden war, brauchte es mehr Soldaten als je zuvor.
Das änderte sich auch nicht, als 1740 der preußische König Friedrich II. (der Große) den Thron bestieg. Friedrich II. hatte Beziehungen nach Neustrelitz und Mirow, aber sie waren nicht besonders herzlich. Eher machte er sich über die von ihm so genannten »Miroquesen« lustig.
Um genug Soldaten zu haben, hatte man in Preußen eine effektive Form der Söldnerwerbung entwickelt. Die preußischen Werber arbeiteten mit Alkohol, Versprechungen und Gewalt. Und sie arbeiteten gern im mecklenburgischen Ausland. So holten sie sich ihre Soldaten nachts aus den Betten, tags vom Feld, aus der Schule oder sogar aus der Kirche, wie es beispielsweise einmal einem armen Organisten passierte. Sie schonten nicht einmal Landräte, Bürgermeister und Ritter; es kam soweit, dass die schon gar nicht mehr über Land zu fahren wagten, aus Angst, unterwegs für die preußische Armee rekrutiert zu werden. Der Strelitzer Herzog befahl 1724, die preußischen Werber »krumm und lahm, auch ... tot« zu schlagen. Im folgenden Jahr empfahl auch die Schweriner Staatskanzlei dem Herzog die Volksbewaffnung und Lynchjustiz gegen diese Art von Werbung.
Ganz ohne Erfolg blieben die Preußen aber nicht. Das Handgeld, das sie boten, war mehr als ein mecklenburger Bauernjunge je auf einem Haufen gesehen hatte. Und im Übrigen hatten sie Soldaten bei Plünderungen und Requirierungen immer schon als mächtige Leute erlebt, die ungebunden und frei waren, wie sie auch sein wollten. Den Satz Friedrich II., dass der Soldat seine Offiziere mehr fürchten müsse als den Teufel, kannten sie noch nicht.

Witze machten sie immer noch. Zum Beispiel den: Weißt du auch, warum der preußische Adler die Zunge rausstreckt? Nein, warum? Darum, dass der dem Mecklenburger Büffel am Arsch lecken kann.

Der nächste Querstrich!

1759

Und trotzdem Kultur

Im Strelitzer Herzogtum war 1744 Sophie Charlotte, die spätere englische Königin, geboren worden. Da es in Mirow, wo sie aufwuchs, immer ein bisschen langweilig war, lernte sie schön singen und Klavier spielen.

Sie versprach ihrem Gemahl, dem englischen König Georg III., sich nie in die Politik einzumischen. So ist sie berühmt geworden, weil ihr Mozart, damals ein herziges Kerlchen von acht Jahren, sechs Sonaten für Klavier widmete. Während ihr Mann dafür berühmt wurde, dass er 1782 die USA als souverän anerkennen musste.

Ein etwas verrückter Herzog ...

1752 wurde Adolf Friedrich IV. Herzog von Mecklenburg-Strelitz. Er war ein freundlicher, manchmal auch etwas schrulliger Mann mit viel Sinn für Repräsentation, Imponiergehabe und Inszenierungen. Er trug beispielsweise gern Uniformen mit viel Gold und repräsentierte auch für sein Leben gern.

Er kaufte für seine Altertümersammlung slawische Götterbilder, die im Prillwitzer Pfarrersgarten gefunden worden waren und sich später als Fälschungen - die Prillwitzer Idole - erwiesen. Als Liebhaber schöner Bauten, einer großartigen Hofhaltung und des Theaters machte er viele Schulden; nach seinem Tod brauchte sein Bruder Karl mehrere Jahre zu deren Abtragung und es musste sogar eine Kommission des Kaisers eingesetzt werden.

Friedrich Adolf IV. ist der Begründer der Landesirrenanstalt in Strelitz. Vielleicht auch, weil er selbst auch ein kleines bisschen verrückt war mit seiner Gewitterfurcht und Blitzableitermanie und allerlei anderem Allotria. Eines seiner liebsten Spielchen war das Spritzen von Wasser durch Schlüssellöcher.

»Dörchläuchting« nannte ihn der Schriftsteller Fritz Reuter. Das war gewiss liebevoll gemeint.

... und ein frommer Herzog

Friedrich der Fromme von Mecklenburg-Schwerin, ein ernster, sparsamer und religiös veranlagter Herzog, kam 1756 an die Regierung. Er verlegte zum Ärger der Schweriner seine Residenz nach Ludwigslust, wo sie bis 1837 verblieb. Die Behörden aber ließ er in Schwerin, um sie nicht dauernd auf der Pelle zu haben. Friedrich war ein fleißiger Herzog. Er verbesserte das Gesundheits- und Rechtswesen und förderte die Tuchfabrikation. 1757 weihte er auf der Festung Dömitz ein Zuchthaus bzw. Arbeitshaus ein, das zugleich als »Irrenhaus« diente. Damals nahm man es mit der Unterscheidung von Verrückten und Verbrechern noch nicht ganz so genau.

Er schaffte alle dritten Feiertage zu Weihnachten, Ostern und Pfingsten ab, dafür hob er 1769 die Folter als legitimes Mittel der Beweisaufnahme auf. 1759 verlegte er einen Teil der Rostocker Universität nach Bützow, wo er bis 1789 blieb und niemandem was tun konnte.

Eine Schulordnung ...

1771 erließ Friedrich für Mecklenburg-Schwerin eine Schulordnung, die die Lehrerpflichten, die Unterrichtszeiten und -inhalte festlegte. Danach begann die Schule immer am 29. September zu Michaelis und endete zu Os-

1771

Friedrich der Fromme
1717 – 1785

tern. Nach Ostern war nur noch einmal in der Woche Katechismustraining, damit die Schüler in den Ferien nicht alles verlernten. Ohnehin hatten sie nach Ostern genug mit Feldarbeit zu tun. Allerdings wurde diese Schulordnung von der Ritterschaft nicht akzeptiert, weil deren Auffassung nach Leibeigene wegen ihrer schweren Arbeit geistig nicht überfordert werden durften und der »Unterricht in der Gottesfurcht« genüge. In Mecklenburg-Strelitz wurde über eine Schulordnung deshalb gar nicht erst nachgedacht. Ja, man stellte auch Lehrer ein, die selbst nicht lesen und schreiben konnten und nur so vor sich hinbuchstabierten.

... und einige Verbote

Keinen Sinn hatte Friedrich für Erotik, Theater und Lärm. Bilder unbekleideter Personen oder mythologischer Figuren ließ er übermalen. Er verbot seinen Bauern Gesang und Tanz bei Hochzeit und Kindtaufe, ja, er verbot sogar die allseits beliebten Schützenfeste und das Biertrinken. Aber die Mecklenburger ließen sich dergleichen nie ganz nehmen und fanden in ihrer Schlitzohrigkeit allerhand Tricks, um die Verbote zu umgehen.

Wer jedoch erwischt oder denunziert wurde, hatte ein Problem. Der Konrektor Biester beispielsweise feierte 1775 in Bützow den Geburtstag Klopstocks und ließ bei der Gelegenheit ein paar Mädchen um einen Freilicht-Altar laufen und Blumen werfen. Er wurde des Heidentums verdächtigt und aus seinem Amt entlassen.

Nach seinem Tod im Jahr 1785 schrieb man auf das Denkmal des Herzogs Friedrich in Ludwigslust: »Friedrich, Ruhm und Trost der Deinen. Oh, wie warest du so gut!«

Wir brauchen keine Revolution

Natürlich hatten die Mecklenburger und Vorpommern auch immer was zu schimpfen. Wenn sie nicht gerade Arien lauschten, die vom Stadtblinden zur Geige gesungen wurden, oder Nachtlesungen deutscher Dichter am Tollensesee veranstalteten. Die Mecklenburger schimpften vor allem über ihren Adel, den alten und den neuen, den sogenannten Geldadel. 1793, als in Frankreich das Bekenntnis, Adliger zu sein, reichte, um an einer Laterne aufgehängt zu werden, forderte der alte Adel in Mecklenburg-Vorpommern den Nachweis von 16 Vorfahren, wenn jemand eine Stelle haben wollte. Seine Angehörigen waren sicher nicht mutig. Aber sie fühlten sich sehr sicher, trugen zu den Landtagen ihre Gala-Uniformen und veranstalteten am Abend einen Ball, auf dem sie ihre heiratsfähigen Töchter vorführten. Als man von der Französischen Revolution hörte, reagierte man gemäß des alten Spruches: Erst die Pfeife in Brand setzen und dann die Pferde aus dem Graben holen. Jahre später schrien ein paar Schneider in Schwerin und ein paar Gerber in Rostock »Freiheit!« und ärgerten ihre Meister. Aber die Bürgerwehr, die jeweils zuständige Garnison und der neue Herzog Friedrich Franz mit einem Grenadierregiment schufen sofort wieder Ordnung.

Weihnachten 1794 befreiten erregte Bützower Bürger ihre auf Anordnung des Bützower Magistrats gepfändeten Gänse, was zu einem Ausnahmezustand und einigen Verhaftungen führte. Hinzu kamen Beschwerden der Bürger über Studenten die vor Sonnenuntergang lärmend auf der Straße herumliefen.

1800 gab's noch eine kleine Butterrevolution in Rostock und Güstrow, wo sich die Leute über die steigenden Preise aufregten. Aber das war's dann auch.

1801 kam Admiral Nelson mit 32 Schiffen nach Warnemünde und veranstaltete eine Art Hanse-Sail. Alles in allem herrschte eine Geruhsamkeit, von der man nie genau wusste, wie sie enden würde. Es war wie meistens. Die Leute ahnten etwas, aber sie wussten nicht, was.

1793

Die Soldaten von Friedrich Franz

und schon ist alles wieder gut.

Baden wird modern

Friedrich Franz I., seit 1785 Herzog, war das ganze Gegenteil seines Onkels Friedrich, des Frommen: ein derber, fröhlicher und neckischer Typ mit viel Mutterwitz und ein Feind aller Frömmelei. Er spielte gern Karten, stieg den Frauen hinterher und konnte stundenlang mit Studenten oder Handwerkern saufen. Als er sich jedoch nach seinem Regierungsantritt über die Finanzen seines Herzogtums informieren ließ, wollte er am liebsten gleich wieder abdanken. 1793 gründete er auf Anraten seines Leibarztes das Seebad Heiligendamm. Mit ihm und der Erfindung des Doberaner Pferderennens hat er der touristischen Zukunft Mecklenburg-Vorpommerns vorgearbeitet. Er war auch der Vorreiter des modernen Strafvollzugs. In Bützow wurde eine »Landes-Straf- und Besserungs-Anstalt« eingerichtet, die heilsame Zucht und Reue auf der Basis christlicher Unterweisung durch Gesangsübungen und Gottesdienst anstrebte. Sie arbeitet noch heute.

Die Franzosenzeit

1806 waren die Schulden des Landes auf vier Millionen und die jährlich zu zahlenden Zinsen auf 200 000 Taler gestiegen. Man hatte schon genug Sorgen.
Aber dann kam das Verhängnis namens Napoleon auf Norddeutschland zu.
Zuerst legte Kaiser Franz die deutsche Kaiserwürde nieder. Dann wurde das ruhmreiche preußische Heer von Napoleon geschlagen. Alle Preußen waren verzweifelt, nur der Adjudant Blücher murmelte noch: »Wartet nur, Französeken, ich schlag euch auch mal wieder!«
Der Herzog wurde durch die Abdankung des Kaisers als seinem obersten Lehnsherren von einem Tag auf den anderen souverän. Aber er hatte nicht viel davon, weil Napoleon im gleichen Jahr Mecklenburg besetzte und damit der französische Adler den mecklenburgischen Stier ablöste. Der Herzog wurde des Landes verwiesen, durfte allerdings nach dem Frieden zu Tilsit auf Bitten des russischen Zaren wieder zurück. Der Herzog Karl in Mecklenburg-Strelitz durfte wegen seiner Neutralität bleiben und bekam eine französische Leibwache.
Wegen der Kontinentalsperre gegen England gab es eine Hafenblockade, die durch viele Kontrolleure gesichert wurde. Schon gleich zu Beginn brauchte die französische Armee 2120 Pferde, 103 000 Paar Schuhe und 75 000 Liter Branntwein. Und Einquartierungen. Das hieß etwa 15 bis 20 Soldaten pro Haus. Und das hieß nicht nur Übernachtung, sondern auch Verpflegung, und Überwachung. Und Belästigung. Frauen und Mädchen versteckten sich besser oder schwärzten sich das Gesicht. Oder imitierten einen Buckel. Aber die Soldaten waren nicht so wählerisch, wie man hoffte.

Alles hat ein Ende

Napoleon verbrachte nicht viel Zeit mit dem Nachdenken über Mecklenburg und Vorpommern. 1808 allerdings bestand er darauf, dass die mecklenburgischen Herzöge in seinen Rheinbund eintreten und auf seiner Seite kämpfen sollten, was sie denn auch zähneknirschend und widerwillig taten. 1810 schloss er mit den Schweden Frieden und gab ihnen einen Teil ihres Vorpommerns zurück.
Aber da war er auch schon etwas kurzatmig geworden. Und da hatte er auch schon seinen gefährlichsten Spitznamen weg: Nöppel. So hatte ihn Louise, die preußische Königin, genannt, die aber nun auch schon mit dem Tode rang.
Norddeutschland hatte natürlich unter den häufigen französischen Durchmärschen und dem riesigen Verpflegungsbedarf zu leiden. Das letzte Mal, als die Reste der in Moskau geschlagenen Großen Armee zurückkehrten.
Da guckten die wenigen Bauern, die es noch gab, und die Tagelöhner aus den kleinen Fenstern ihrer kleinen Häuschen und dachten: »Na, und was hat ihnen ihre Revolution nun gebracht?«

Alles wird patriotisch

Natürlich hat auch Mecklenburg-Vorpommern am deutschen Freiheitskampf gegen die Franzosen im Jahre 1812/13 teilgenommen. Friedrich Franz I. entschloss sich auf die Bitte des russischen Zaren hin, Napoleon die Toleranz zu kündigen und aus dem Rheinbund auszutreten. Daraufhin rief der Herzog seine Bürger und Untertanen zur Teilnahme an der »heiligen« Aufgabe, der Befreiung von der französischen Herrschaft, auf. Am Ende nahmen 12 000 Mecklenburger an den Kämpfen gegen Napoleon bis hin zur Völkerschlacht bei Leipzig teil. Die patriotisch gesinnten Studenten der Rostocker Universität traten den

Lützower Jägern bei. Sie eiferten dem tapferen Major Schill nach, der 1809 in Stralsund das Unmögliche versucht und dabei das Leben gelassen hatte. Vor der Schlacht sangen sie die Lieder des Freiheitshelden Theodor Körner, der bei Gadebusch gefallen war.

Als die Reste der Truppen 1814 zurückkehrten, wurden sie gebührend bejubelt und empfangen. Die Krüppel bekamen viele schöne Orden. Für eine Rente reichte es nicht, obwohl Frankreich an Mecklenburg-Schwerin 2 150 000 Franken und an Mecklenburg-Strelitz 340 000 Franken zahlen musste. Auch die Leibeigenschaft konnte noch nicht aufgehoben werden, obwohl das als Gegenleistung für die Teilnahme am Befreiungskampf versprochen worden war.

Die Rostocker Studenten, sofern sie noch am Leben waren, kehrten in die Universität zurück und fingen an, sich in Burschenschaften zu organisieren. Sie brauchten eine geraume Zeit, um sich die Freiheitsflausen wieder abzugewöhnen, und mussten deshalb vorübergehend etwas schärfer bewacht und bespitzelt werden. Sie waren aber auch gar zu frech. Zum Beispiel neckten sie die Rostokker Stadtsoldaten, nannten sie »Krebse«, als sie rotc, und nannten sie »Hechte«, als sie später blaue Uniformen trugen. Ein paar Jahre später fanden sich jedoch alle Studen-

ten wieder in den allerorts gegründeten Vereinen zur Hebung der Bildung und zur Bewahrung sittlicher und vaterländischer Ideen.
Dem Marschall »Vorwärts« Blücher zu Ehren wurde 1819 in Rostock, wo er ja einst geboren worden war, ein Denkmal geweiht. Es steht noch heute trotzig am Universitätsplatz und erinnert an die großen Zeiten.

Endlich Königliche Hoheit

Die Herzöge von Mecklenburg erhielten auf dem Wiener Kongress 1815 den Titel »Von Gottes Gnaden Großherzog von Mecklenburg, Fürst zu Wenden, Schwerin und Ratzeburg, auch Graf zu Schwerin, der Lande Rostock und Stargard Herr« und das Recht auf die Anrede »Königliche Hoheit«.
Wie üblich nach Kriegen, an denen viele Herrscher und Völker beteiligt waren, mussten das Fell und die entstandenen Kosten den neuen Machtkonstellationen entsprechend verteilt werden.

Pommern wird wieder eins

Schweden bekam von Dänemark Norwegen und Dänemark bekam dafür Schwedisch-Vorpommern mit der Insel Rügen, das es für das Herzogtum Lauenburg und 2,6 Millionen Taler an Preußen verkaufte. Und so bekam Preußen doch noch Schwedisch-Vorpommern und konnte 1815 aus Vor- und Hinterpommern die Provinz Pommern gründen. Nach 150 Jahren Teilung gab es erstmals wieder ein einheitliches Pommern, allerdings wie gehabt unter brandenburgisch-preußischer Oberhoheit.
Der Übergang von der schwedischen zur preußischen Herrschaft war relativ problemlos. Der ehemalige schwedische Generalgouverneur Fürst Malte zu Putbus wurde zum ständigen preußischen Kommissar und Chef der Stände ernannt. Neuvorpommern – so hieß das ehemalige Schwedische Pommern jetzt – brauchte aber ein bisschen Zeit, um sich an alles zu gewöhnen, vor allem an die neue Ordnung, die in Altvorpommern nun schon ein alter Hut war. Und so sang denn mancher nochmals das Lied von den drei Kronen, unter denen es sich gut wohnen ließ. Und die Großmütter erzählten das Märchen vom Fischer und seiner Frau und seufzten am Ende: »Ach ja! Aber man kann eben nicht alles haben.«
Dem Adel und auch mancher Stadt machten die neue preußische Ordnung und der aufgeklärte Absolutismus Probleme und die Landtage widersetzten sich der Einführung des preußischen Allgemeinen Landrechts. Aber Schule und Kirche erfreuten sich großer staatlicher Aufmerksamkeit und Förderung, so dass am Ende doch alles begriffen wurde, was begriffen werden musste auf dem preußischen Wege.
Der preußische Fleiß griff dann doch über. Land- und Wasserwege wurden gebaut bzw. erneuert, der Fischfang gefördert. Die Industrie begann sich zu entwickeln. Die Städte verdoppelten ihre Einwohnerzahlen.

Und Mecklenburg bleibt frei

Die Pommern machten sich gern über ihre mecklenburgischen Nachbarn lustig. Aber die boten ihnen auch immer wieder Anlass. Während Preußen mit Pommern dem Deutschen Zollverein schon 1834 bei seiner Gründung beitrat und alle seine Vorteile nutzte, sträubte sich Mecklenburg noch ein Weilchen.
Die Zeiten hatten sich ein wenig beruhigt. Man sprach von Biedermeier. Die Uhren gingen wieder langsamer, die Linden blühten länger und das Theater in Schwerin wurde wieder besucht. Die Mecklenburger lebten nach wie

Von 1828–1900 wurden ca. 3000 km Straße neu befestigt.

vor von Mehlspeise, Kartoffelbrei, Pferdebohnen und Dünnbier. Aber es wurde nicht mehr requiriert. Es gab, wenn auch nicht in allen Familien, wieder Kuchen am Sonntag, ein Pfeifchen am Abend und ein Schnäpschen am Wochenende. Ein Reiseschriftsteller aus Frankreich meinte sogar, dass die mecklenburgischen Frauen zu einer leichten Beleibtheit neigten, aber dafür sehr keusch seien. In dieser Zeit muss der Spruch entstanden sein von den Rostocker Mädchen mit den kugelrunden Titten, auf denen angeblich zwei Matrosen »sitten« konnten.

Ein bisschen Fortschritt

Anfang des 19. Jahrhunderts schrieb ein englischer Besserwisser, dass der Mecklenburger ein phlegmatischer, dem Herkömmlichen ergebener derber Deutscher ist, der allen Reformen abgeneigt sei. Und ein Romanschriftsteller meinte, dass es in Mecklenburg nie Kunststraßen geben würde. Durch die Entwicklung in anderen Ländern Europas angeregt, begann jedoch auch in Mecklenburg der Fortschritt Fuß zu fassen. Er begann mit dem Chaussee-Bau. Natürlich musste man erst einmal Erfahrungen sammeln: Nur so ist Fritz Reuters Bemerkung zu verstehen, dass ein gebesserter Weg der Schrecken der Umgegend sei. Von 1829 bis 1900 wurden ca. 3000 km Straße neu befestigt. Darunter die schönen Baumstraßen, mit denen wir noch heute angeben wie die von Doberan nach Heiligendamm. Die Gegend zwischen Teterow und Güstrow wurde zu einem Zentrum des Fortschritts. Die Gutsbesitzer Johann Heinrich von Thünen (1783-1850) und Carl Pogge (1763-1831) führten neue Methoden in der Landwirtschaft ein. Hans Graf von Schlitz (1763-1831) engagierte sich für soziale und wirtschaftliche Veränderungen. Ebenso der Hofbaurat Demmler, der viele Projekte für den Herzog entworfen hatte und dann wegen seiner sozialen Flausen gefeuert wurde. Die Mecklenburgische Landwirtschaftsgesellschaft entwickelt sich zum Mecklenburgischen Patriotischen Verein. Und Kartoffeln, obwohl zuerst von den Preußen in Pommern eingeführt, wurden zur National- und Lieblingsspeise der Mecklenburger.

Eine commode Revolution

1840 bereiste ein Franzose das Land und schrieb einen umfänglichen Reisebericht. Er lobte an den Mecklenburgern zum einen das sanfte und rührende Gemüt als Grundstimmung des Herzens und zum anderen eine bewundernswerte Unerschütterlichkeit, wir würden heute Sturheit dazu sagen, die sich auf das religiöse Grundgefühl einer Demut stützt, die nur auf der Basis der Erkenntnis »Das Unglück konnt ärger sein, wir sind noch nicht ruiniert, wir leben noch. Gott sei gedankt!« gedeihen kann. Ansonsten merkt er an, dass die Mecklenburger nichts von Preußen halten und wenn sie auf dem Markt einkaufen gehen, immerfort murmeln: »Preußische Ware, schlechte Ware«.

Trotzdem gab es auch in Mecklenburg im Jahre 1848/49 eine Revolution, die man gewissermaßen als einen Import aus Berlin und damit aus Preußen ansehen kann. In verschiedenen Orten, natürlich vor allem in den Städten, wurden Reformvereine aller Art gegründet, die Änderungen der landständischen Verfassung forderten. Sogar der mecklenburgische Herzog war der Meinung, dass man eine neue Verfassung brauche, in der wenigstens nach dem Vorbild Preußens (und damit Pommerns) Wahlrecht, Presse- und Versammlungsfreiheit gewährt würde. Auf dem Lande standen die Landarbeiter und Tagelöhner vor dem Gutshof und traten von einem Bein auf das andere und hatten die Hände in den Taschen. Man nimmt an, dass sie zur Faust geballt waren. Aber beweisen kann man's schlecht. Da die bürgerlichen Liberalen und die demokratischen Radikalen sich in der Sache einer neuen Verfassung nicht einigen konnten, kamen sie erst zu Potte, als alles vorbei war: 1850 wurde in Brandenburg im sogenannten Freienwalder Schiedsspruch entschieden, dass Mecklenburg keine neue Verfassung benötige, weil der Landesgrundgesetzliche Erbvergleich von 1755 ausreichend sei.

Damit hatte sich die Revolution erledigt. Den Rest besorgten das Militär und die Justiz: Die tapferen aufrechten Demokraten wurden zu Festungsstrafen verurteilt und durften nicht mehr lehren bzw. arbeiten. »Allens bliewt beim Ollen«, so fasste der Schriftsteller Fritz Reuter die Ergebnisse der Revolution zusammen.

Er hatte nicht ganz Recht, ein erstrittenes Recht blieb erhalten: Das – allerdings nur für Männer geltende – Recht, auf öffentlicher Straße Zigarre und Pfeife zu rauchen.

Auf nach Amerika!

Die Lage in beiden Teilen Mecklenburgs hatte sich natürlich nach dieser Revolution nicht bessern können. Und so wurde das 19. Jahrhundert in seiner zweiten Hälfte zum Auswanderungsjahrhundert. Von ca. 460 000 Einwohnern Mecklenburgs wanderten zwischen 1850 und 1854 etwa 23 300 nach Amerika aus; zwischen 1880 und 1889 noch einmal 65 000.

Die Kinder sangen: Eins, zwei, drei, vier, fünf, sechs, sieben. Wo ist denn mein Schatz geblieben? Ist nicht hier und ist nicht da – ist wohl in Amerika.

Das Los der Auswanderer war oft hart. Die einen starben schon bei der Überfahrt an Cholera oder Typhus, die anderen mussten jahrzehntelang ihre Schiffsbilletts abarbeiten. Aber es gab auch viele, die sich in Übersee nach jahrelanger schwerer Arbeit auf eigenem Grund und Boden eine eigene Existenz aufbauen konnten. Die Sehnsucht nach der alten Heimat blieb und an manchem Winterabend werden sie beisammen gesessen und von ihrer mecklenburgischen Heimat erzählt und geträumt haben. Einige Amerikaner sahen das anders und meinten, dass die Deutschen nur gekommen seien, um den Boden der »Neuen Welt« zu düngen.

Typisch amerikanischer Irrtum: Die Deutschen und insbesondere die Mecklenburger waren zäher als gedacht.

Der 1. in Deutschland gebaute Schraubendampfer.

Ein bisschen mehr Fortschritt

Großherzog Paul Friedrich regierte nur von 1837 bis 1842. Aber die fünf Jahre reichten ihm, um beliebt zu werden. Er war derb und freundlich, sprach hervorragend plattdeutsch und machte den Eindruck, als ob er seine Untertanen gut verstehe. Dazu trug natürlich auch die Wahl seiner Gattin bei: Er hatte sich für Alexandrine (1802-1892), eine Tochter König Friedrich Wilhelms III. von Preußen und der Königin Luise aus dem Strelitzschen Hause, eine sehr nette, liebenswürdige, schlichte und trotzdem fürstliche Frau, entschieden.

Paul Friedrich haben wir zu verdanken, dass der Schriftsteller Fritz Reuter, der ja wegen angeblicher revolutionärer Umtriebe auf die Festung kam, nicht gehängt wurde und seine Bücher schreiben konnte.

Der Großherzog Friedrich Franz II., der 1842 auf den Thron kam, war für seine Zeit ein sehr moderner Mensch. Er förderte fleißige Ingenieure, das Traditionsbewusstsein und die Beziehung zu Preußen. Nachdem sich die Erfindung der Eisenbahn im Süden Deutschlands bewährt hatte, wurden unter seiner Obhut auch in Mecklenburg Schienen zwischen Schwerin und Wismar (1848), Bad Kleinen und Lübeck (1870), Wismar und Rostock (1883)

sowie Ribnitz und Rostock (1889) verlegt. Ebenso wurden Schifffahrtswege erweitert und verlängert. Es entstanden Zuckerfabriken, Ziegeleien und Brauereien.
1842 wurde die erste Dampfmaschine gebaut, 1851 der erste Schraubendampfer. Wertheim richtete 1873 das erste Kaufhaus in Rostock ein, Karstadt 1881 das erste in Wismar – damit ist Mecklenburg das Geburtsland des modernen Supermarktes.
Die Bank- und Versicherungsvertreter trauten sich mehr als vorher zu, manchmal sogar ein Risiko. Neue Seebäder entstanden und brachten Geld.
Und in Rostock gab es ein Theater, das Friedrich von Flotows »Martha« und Richard Wagners »Fliegenden Holländer« aufführte.
Selbst im Schweriner Schloss, das zwischen 1843 und 1857 um- und neugebaut wurde, hielt der Fortschritt Einzug und zwar in Form einer Warmluft- und Fußbodenheizung, die vom Keller aus erfolgte, und einer mit einer Spültoilette kombinierten Löschwasser-Einrichtung, die vom Dach aus funktionierte. Die erstere führte zum großen Brand des Schlosses von 1913 und die letztere konnte ihn nicht löschen. Die Helfer der Feuerwehren aus Rostock und Hamburg staunten nicht schlecht über soviel Fortschritt.

Das Schweriner Schloss verfügt über eine moderne Löschwasseranlage.

Preußen macht die Musik

Vor allem aber war Friedrich Franz II. ein Freund Preußens. Er hatte schon während der Revolution seinem Onkel, dem König Friedrich Wilhelm IV. von Preußen, geraten, die Kaiserkrone, die ihm von der Frankfurter Paulskirchenversammlung angetragen wurde, anzunehmen.
Als sich das infolge der Niederlage der Revolution erledigt hatte, vereinbarte er mit Preußen 1849 eine Militärkonvention und ließ das mecklenburgische Heer unter preußischer Inspektion reformieren. Als die deutsche Geschichte vor der Entscheidung Preußen oder Österreich stand, setzte er auf Preußen und unterstützte die preußischen Truppen im Kriege gegen Dänemark, indem er in Holstein, und dann gegen Österreich, indem er 1866 in Bayern einmarschierte. Das hat Bayern bis heute nicht verzeihen können.
Der Mecklenburg-Strelitzer Großherzog Friedrich Wilhelm überlegte solange, bis der Krieg vorbei war und da brauchte er seine Truppen zwar nicht mehr zu schicken wusste aber trotzdem, wem er zum Sieg zu gratulieren hatte. Alles andere kam Schlag auf Schlag und war für die Landstände, insbesondere aber die Adligen, unfassbar.
1867 wurde der Norddeutsche Bund gegründet. Mecklenburg kam nicht darum herum, ihm beizutreten. Es wurde an das deutsche Post- und Fernmeldenetz angeschlossen, erhielt einheitliche Maße und Gewichte sowie die Banknoten des Bundes. Das Gesetz über die Freizügigkeit von 1868 ermöglichte die freie Wohnsitzwahl. 1869 fiel mit dem neuen Gewerbegesetz der Zunftzwang. Und das Schlimmste: Die Mecklenburger durften entsprechend der Norddeutschen Verfassung, die 1871 Reichsverfassung wurde, ein Parlament wählen.

Im neuen Reich

Als 1870 in Mecklenburg und Pommern wie in jedem Jahr Schützenfeste und Volksfeiern stattfanden, begann der Krieg gegen Frankreich. Er endete mit der Gründung des deutschen Kaiserreiches. Natürlich schlugen sich die mecklenburgischen und pommerschen Regimenter auch in diesem Krieg tapfer; feige waren sie ja niemals und wo sie standen, da standen sie. Auch die Herzöge waren beteiligt; Friedrich Franz II. feierte seinen Geburtstag im Februar 1871 im deutschen Hauptquartier von Versailles.
Als sie aus dem Krieg stolz nach Hause zurückkamen, begannen sich die Mecklenburger langsam an die neuen Verhältnisse zu gewöhnen. Sie gewöhnten sich an neue Gesetze und Verfahrensweisen, an einheitliche Maße, Gewichte und Uhrzeiten und wuchsen allmählich in den neuen deutschen Staat hinein.
Und was wollte man: So schlecht war er auch wieder nicht. Die Hauptstadt entwickelte sich und brauchte viel Brot und Kartoffeln. Und die Oper entwickelte sich. Und das Straßenlicht. Und die Gasversorgung. Und es gab manchmal wieder was zu lachen. Zum Beispiel auf einer Wahlversammlung der Deutschnationalen, als der Redner versuchte, Deutschland zu erklären.
»Also«, sagte er, »der Kopf vom Reich ist der Kaiser, das Herz ist Berlin und die Bundesstaaten sind die Gliedmaßen«. Worauf ein Landarbeiter rief: »Und das Arschloch bist du!«
Nicht alles konnten sie nutzen: Was sollten die Tagelöhner mit der neuen Gewerbefreiheit, der freien Wohnungswahl und der Zivilehe? Und wen, in aller Welt, sollten sie

denn wählen, wenn sie denn wählen sollten? Gott sei Dank schafften es die Stände, ihnen bis 1918 diese Unannehmlichkeit zu erparen, weil sie keine andere Vertretung neben sich duldeten und schon gar keine parlamentarische. Sie vertraten sich selber am besten und die anderen brauchten keine Vertretung, weil sie sich ja mit um sie kümmerten und ihnen ihren Platz zuwiesen.
Aber die Banken und die Industrie taten das ihre. Und das Bauwesen tat das seine. Und das Heer auch. Viele Menschen wanderten in die Stadt ab, weil sie dort Beschäftigung fanden - beispielsweise in der Neptunwerft in Rostock, in einer Kaserne oder in einem Haushalt als Putze. Und selbst die Gutsbesitzer ließen sich von den neuen Angeboten in der Hauptstadt verführen.

Für Kaiser, Gott und Vaterland!

1914 begann der Krieg, der hinterher als der Erste Weltkrieg gezählt wurde. Da Mecklenburg und Pommern inzwischen den Anschluss an die Welt vollzogen hatten, wurden sie natürlich mit hineingezogen. Bevor es losging, machte der Kaiser zur Überprüfung der Treue seiner Untertanen noch einen Kurzbesuch in Rostock; der Befund war überaus zufriedenstellend. Die Leute waren so begeistert, dass man es gar nicht beschreiben kann. Zwei Professoren der Rostocker Universität sollen vor Patriotismus Herzanfälle bekommen haben.
Am Anfang des Krieges meldeten sich viele junge Männer freiwillig an die Front. Auf ihrem Koppelschloss stand der Satz: Gott mit uns! Gott hörte nicht auf den Befehl. Der Krieg fuhr sich fest. Tanks, Giftgas und die Kleinlichkeiten des Stellungskrieges nahmen ihm die Erhabenheit und bald gab es an allen Fronten große Verluste und die Zeitungen brauchten viel Druckerschwärze für die Todesanzeigen. In Abänderung des Spruches des deutschen Kaisers »Keiner soll hungern, keiner soll frieren« sagten die Mecklenburger und Pommern im Kohlrübenwinter 1916/17 »Keiner soll hungern ohne zu frieren«. Aber trotz allen Witzes mussten sie bis zum bitteren Ende mitwirken. Aber das waren sie ja gewohnt.

1918

Noch eine Revolution

Die Revolution vom November 1918 begann in Norddeutschland. Diesmal gab es sogar in Mecklenburg und Pommern Demonstrationen, Streiks, Arbeiter- und Soldatenräte, Wahlkampf und schließlich sogar richtige Wahlen für ein richtiges Parlament.

»Die Stunde der Befreiung von ständischen Rechten und Vorrechten ist da. Der alte ständische Staat ist tot! Der Landesgrundgesetzliche Erbvergleich von 1755 ist zerrissen!« Diese kühnen Worte wurden am 10. November 1918 im Schweriner Theater unwidersprochen gesprochen.

Am 14. November verzichtete der Großherzog Friedrich Franz IV. in Schwerin auf seinen Thron und ging ins dänische Exil. Die Regierung in Mecklenburg-Strelitz erklärte, dass diese Abdankung auch für ihr Gebiet gelten würde. Der Herzog Adolf Friedrich VI. hatte kurz vorher Selbstmord begangen und der einzige männliche Erbe war Herzog Karl Michael, der als russischer General im Dienst des Zaren auf die deutsche Staatsbürgerschaft und alle Ansprüche auf den Thron verzichtet hatte. Nach der Abdankung bekam der Staat die Schlösser, an denen es viel zu restaurieren gab. Die Inneneinrichtung durften die Herzöge und ihre Verwandten mit ins Exil nehmen. Ein bisschen traurig waren sie trotzdem. Vielleicht aber auch erleichtert.

Einen Monat später wurden die Stände aufgehoben und als Vereine etabliert.

Die meisten Leute staunten, wie leicht das gegangen war. Und manche konnten es gar nicht glauben, zum Beispiel die Stände selber.

Vom Flair der Zwanziger

Die neue Freiheit hatte ihre Folgen: Mecklenburg-Schwerin und Mecklenburg-Strelitz wurden, weil sie nun keine Herzöge mehr hatten, zu Freistaaten erklärt.

Deutschland war kein Kaiserreich und Preußen kein Königreich mehr. Da fehlte es erst einmal an Orientierung. Es dauerte, bis man sich auf eine Verfassung einigen konnte, in Mecklenburg fast drei Jahre. In Pommern sah man mitleidig lächelnd auf die politischen Gehversuche der Nachbarn herab.

An die Weimarer Republik, die nur von 1919 bis 1933 existierte, banden sich viele Hoffnungen. Sie konnte sie nicht erfüllen. Einfach schon deshalb nicht, weil Deutschland nach dem Krieg so viele Reparationskosten übergeholfen wurden, dass es keine Chance hatte, sie jemals abzuzahlen - schon gar nicht in den geforderten Golddollar. Im Alltag kümmerte das die Leute nicht. Nach einem Krieg sind sie meistens erst einmal damit beschäftigt zu begreifen, dass sie noch am Leben sind.

Auf den mecklenburgischen Gütern übte die Reichswehr, um für die Zukunft gewappnet zu sein. Die Neptunwerft erhielt neue Aufträge, die Ernst-Heinkel-Flugzeugwerke in Warnemünde entstanden. Das Seebad Heiligendamm wurde mit den Investitionen eines Schweizer Bankhauses ausgebaut. Da immer mehr Urlauber kamen, wurde die Bäderordnung etwas gelockert, die Kurkonzerte wurden ein wenig frivoler.

Eines Tages kostete ein Brot drei Millionen Mark. Das nannten die Politiker Inflation. Und dabei hatte man nicht einmal mehr Arbeit. Dafür war dann eines Tages die Rede von der Weltwirtschaftskrise und den Mecklenburgern wie den Pommern wurde klar, dass sie immer dann zur Welt gehörten, wenn es ihr nicht gut ging.

Und die Nationalsozialisten, die alles abschaffen wollten, was dem Volk ihrer Meinung nach schadete, und die den »Bonzen« auf die Pfoten hauen wollten, bekamen eine Chance, weil man vor lauter Ausweglosigkeit, und weil man endlich mal etwas tun wollte, eben mal die wählte, um die anderen zu schocken.

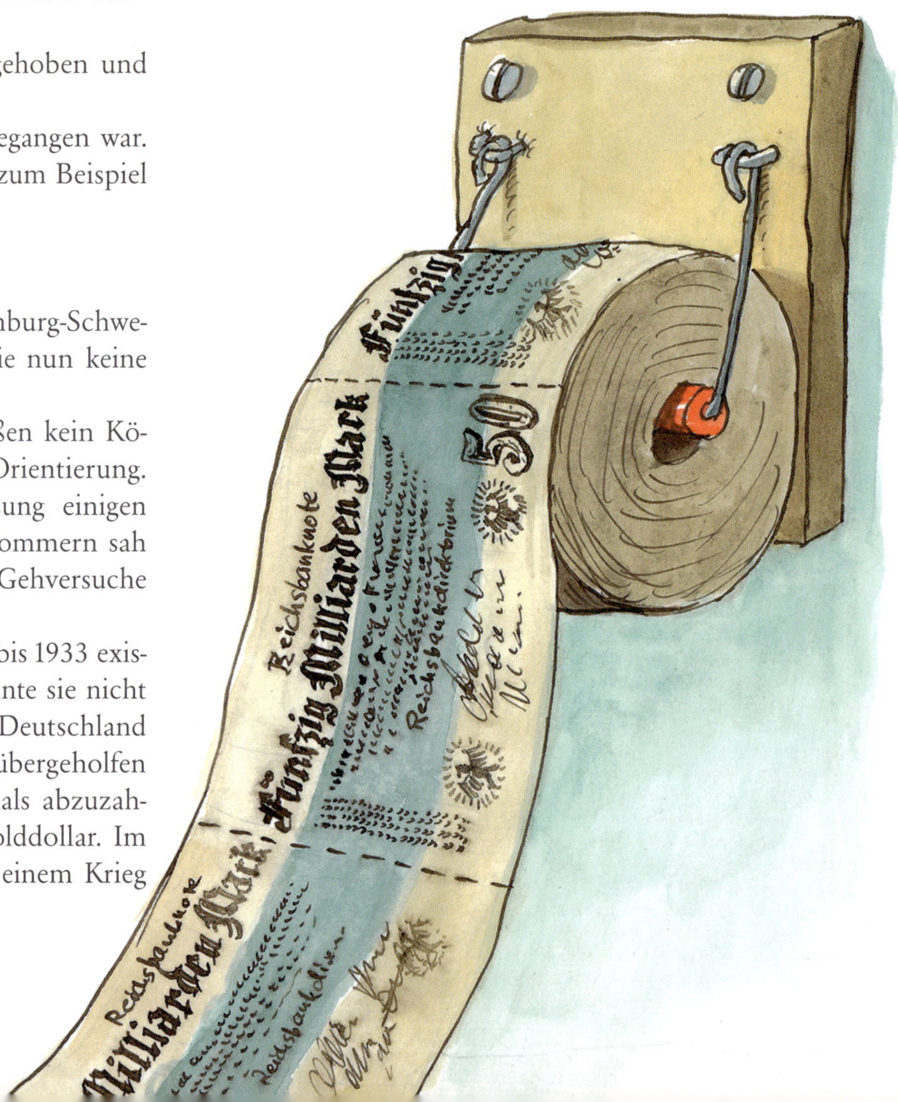

Schwarze Zeiten

Der Schock funktionierte. 1933 übernahm Hitler die Macht. Die faschistische Diktatur begann mit großspurigen Versprechungen und großen Sprüchen. Da man wusste, dass gute Bauern gute Soldaten sind, redete man von der Kraft des Bauerntums, das mit dem Pflug befestigt, was das Schwert erworben hat. Hitler orientierte sich an Heinrich dem Löwen und meinte, dass die Welfen mit ihrer Zielstellung der Eroberung der Ostgebiete viel weiter in die Zukunft gedacht hatten als die Staufer, die immerfort nur in Italien gewesen waren.

Damit der Norden noch besser regierbar wurde, beschlossen die Landtage der Freistaaten Mecklenburg-Schwerin und Mecklenburg-Strelitz ihre Vereinigung. Ab 1. Januar 1934 entstand so das Land Mecklenburg im Zeichen der faschistischen Macht. Es bekam einen ganz besonders tüchtigen »Reichsstatthalter«, der die Entlassung und Verhaftung führender Sozialdemokraten ebenso zügig durchführte wie die Enteignung und Verschleppung der Juden. Er konnte Mecklenburg als erstes deutsches Land »judenfrei« melden. Die Studenten der Rostocker Universität hatten sich schon im Frühjahr 1933 bei der Bücherverbrennung besonders hervorgetan, während sich ihre Professoren gegenseitig denunziert hatten.

Im Alltag war auf einmal viel mehr los. Jeder Tag brachte eine neue Überraschung und verursachte Begeisterung. Entweder über eine neue Führerrede, über einen neuen Parteitag oder über einen neuen Grund und eine neue Gelegenheit, jemandem etwas heimzuzahlen. Wo früher Handelsschiffe gebaut wurden, entstanden jetzt Kriegsschiffe und U-Boote. Was früher Ernte war, war jetzt »Erzeugungsschlacht«. Und wozu man früher »moderne Kunst« gesagt hatte, wie zum Beispiel zu Ernst Barlachs Skulpturen, musste man jetzt »Schmutz und Schund« sagen. In den Schulen hieß es nun nicht mehr »Guten Tag«, sondern »Heil Hitler«. Und Herr Meier war jetzt Herr Blockwart. Und in Prora wurde massenweise Kraft und Freude organisiert.

Die Menschen gewöhnten sich an die neue Macht, gegebenenfalls auch durch die Androhung körperlicher Gewalt. Wer Widerstand leistete, lief Gefahr, in einem Konzentrationslager eingesperrt und vernichtet zu werden.

Die Kinder spielten begeistert Schnitzeljagd und dachten sich nichts weiter dabei, als dass sie gewinnen wollten. Viele Jugendliche kamen in den Arbeitsdienst und wurden dort militärisch ausgebildet; sie dachten auch nur: »Ordnung muss sein!« Viele Arbeiter hatten nach langer Zeit wieder Beschäftigung und dachten: »Hauptsache Arbeit«. Und vielleicht fragten sie sich einen Moment lang, wo das alles hinführen würde. Aber die Antwort wollten sie nicht wissen. Sie würden sie schon noch rechtzeitig erfahren.

Schon wieder ein Weltkrieg

Es entwickelte sich nämlich vor allem das, was die Faschisten brauchten: der Autobahnbau beispielsweise und die Rüstungsindustrie. Fast die ganze deutsche Flugzeugindustrie kam nach Mecklenburg und Vorpommern, in der Neptunwerft wurden U-Boote und Minensuchboote gebaut, anderswo entstanden Munitions- und Sprengstoffwerke. In Peenemünde wurde an deutschen Raketen gebastelt; später, nach dem Beginn des Krieges, auch mit Hilfe von Kriegsgefangenen und Zwangsarbeitern aus anderen Ländern.

Viele glaubten, dem Führer für all diese aufregenden Dinge bis in den Tod hinein dankbar sein zu müssen. Sie hatten dazu bald reichlich Gelegenheit. Der 1939 von der faschistischen Führung begonnene Krieg, der in nahezu alle Länder Europas und schließlich der Welt getragen wurde, kostete unvorstellbare Opfer. In den Zeitungen standen reihenweise die Namen der Gefallenen und Vermissten.

Mit dem Aufbau der Rüstungsindustrie waren Mecklenburg und Vorpommern auch zum Ziel geworden: Die

1942

Rostock – östliche Seite der Steinstraße 28. April 1942

Engländer griffen bevorzugt den Norden Deutschlands an und schon 1942 wurde Rostock vier Tage lang bombardiert. Es war danach nicht wiederzuerkennen; im Deutschen Reich wurde davon nichts gemeldet.
Im Mai 1945 war der Krieg zu Ende, das durch ihn verursachte Leid währte lange. Es betraf den Verlust von Familienangehörigen ebenso wie den Verlust der Wohnung oder der Heimat. Eigentlich ist es nie richtig überwunden worden.

Der Mai ist gekommen

Am 3. Mai 1945 wurde Mecklenburg von der Roten Armee einerseits und der britischen Armee andererseits eingenommen und besetzt. Faschismus und Krieg waren offiziell zu Ende. Die russische Armee war für die Deutschen ein Angst- und Schreckgespenst, was ja nach dem, was die deutsche Wehrmacht in Russland angerichtet hatte, kein Wunder war. Und als sie nach Mecklenburg-Vorpommern kam, vor sich Flüchtlingsströme aus den deutschen Ostgebieten hertreibend, vergruben viele Einheimische – sofern sie so etwas hatten – ihr Silberbesteck und ihr Eingemachtes. Manche machten aus Angst gar Selbstmord, weil sie sich nicht dem stellen wollten, was sie nun erwartete. Oder sie »kämpften« auch nach dem Ende noch, wie zum Beispiel jener Apotheker aus einer mecklenburgischen Kleinstadt, der ein vergiftetes Festessen für die Offiziere der russischen Armee ausrichtete.
Eines schönen Tages saß sogar auf der Brücke am Alten Strom in Warnemünde ein Rotarmist, riss ein Stück von seiner »Prawda« ab und drehte sich eine Zigarette.

Wieder mal besetzt

Nachdem die britischen Truppen auf Grund einer Vereinbarung im Juli 1945 aus Mecklenburg abgezogen waren und unser Land als zur Sowjetischen Besatzungs-Zone zugehörig erklärt worden war, nahm die Angst zu. Natürlich fanden in der ersten Zeit nach der Besetzung Plünderungen, Gewalttaten und Vergewaltigungen statt. Und natürlich war die Versorgung mit Lebensmitteln, Heizmaterial und Fensterglas eine Katastrophe und natürlich gab es, wie immer in solchen Zeiten, Hungersnot, Verwahrlosung und Seuchengefahr.
Die Friedrich-Franz-Eisenbahn wurde demontiert und als Kriegsbeute nach Sibirien transportiert. Menschen, die in der faschistischen Zeit Funktionen und Verbrechen auf sich geladen hatten, wurden verhaftet und in Lager gebracht. Es kam aber auch vor, dass jemand wegen der Information eines Nachbarn oder aus Versehen verhaftet und in das »Speziallager Fünfeichen« bei Neubrandenburg verbracht wurde.
Da Mecklenburg und Vorpommern wegen ihrer vergleichsweise geringen Besiedlung Zuzugsländer für Flüchtlinge wurden, kamen mit den vielen Obdachlosen aus anderen Teilen Deutschlands, die man in Schlössern, Kirchen oder Baracken unterzubringen suchte, neue Probleme hinzu.

(K)ein neues Land

Deutsche Kommunisten, Sozialdemokraten und auch einfache Leute, die meinten, dass es irgendwie weitergehen muss, schufen unter Anleitung der Sowjetischen Militäradministration neue Verwaltungsstrukturen.
Seit dem 1. März 1947 jedenfalls hieß das Land zwischen Elbe und Oder nur noch Land Mecklenburg – die Bezeichnung Vorpommern wurde nach der Auflösung des preußischen Staates gestrichen, weil es sowieso kein zu Preußen gehörendes Pommern mehr gab und über Hinterpommern anderweitig verfügt worden war. Das Wort »Pommern« wurde zum Unwort.
Es gab eine Schulreform, die den Kindern die Langeweile nahm, indem sie ihnen wieder Unterricht ermöglichte. Schon bald fand eine Bodenreform statt, bei der 2007 Rittergüter enteignet und an landlose Bauern, darunter auch Flüchtlinge, aufgeteilt wurden, damit sie für ihren Lebensunterhalt und den aller anderen besser sorgen konnten.
Die Produktion wurde – sofern die Anlagen nicht demontiert und nach Russland verbracht worden waren – vielfach in Selbstinitiative von Arbeitern und Ingenieuren auf den alltäglichen Bedarf umgestellt; die lebenswichtigen Betriebe begannen nach und nach wieder zu arbeiten. Lebensmittel und wirtschaftliche Güter blieben lange rationiert und waren also nur auf Lebensmittelkarte oder Bezugsschein erhältlich. Wie immer in schlechten Zeiten haben sich auch in dieser Zeit die Findigkeit und Zähigkeit der Mecklenburger und Pommern bewährt. Sie arbeiteten Militärdecken zu Wintermänteln, Stahlhelme zu Kochtöpfen und Gummireifen zu Schuhen um. Was sie nicht im Laden zu kaufen bekamen, »organisierten« sie im Schwarzhandel, der trotz aller Razzien immer gut funktionierte. Und wenn es gar nicht anders ging, halfen sie sich auch mal gegenseitig.

Jetzt wird alles anders

Ab 1949 bestimmte die politische Konstruktion der DDR 40 Jahre lang das Leben im Norden Ostdeutschlands.

1945

Nach ihrer Gründung wurden 1952 drei Bezirke geschaffen, die in etwa den alten Teilherrschaften Stargard, Wenden und Mecklenburg entsprachen: Neubrandenburg, Rostock und Schwerin. Die Bezeichnung Pommern war schon in kurzer Zeit vergessen und das Wort Mecklenburg bezog sich nur noch auf Volkstänze und ein bisschen Literatur und Geschichte. Die Deutsche Demokratische Republik war der Versuch, auf deutschem Territorium einen Sozialismus nach russischem Vorbild einzurichten. Er lief nach dem Motto eines sächsischen Parteichefs: »Es muss demokratisch aussehen, aber wir müssen alles in der Hand haben«. Da war zuviel Kontrolle und zu wenig Ergebnis.

Der von vielen wohlmeinenden und fleißigen Leuten mitgetragene Versuch ist inzwischen bekanntermaßen misslungen und dementsprechend diskreditiert und wer daran zu erinnern versucht, setzt sich zumindest dem Vorwurf der Nostalgie, wenn nicht noch Schlimmerem aus. Aber der Gerechtigkeit halber muss gesagt werden, dass es in dieser Zeit in diesem ziemlich zurückgebliebenen Land Entwicklungen gab, die man nicht einfach übersehen und verschweigen kann.

Plus und Minus

Da die DDR ihre Versorgung weitgehend selbst sicherstellen musste und wollte, wurde die Landwirtschaft der drei Nordbezirke gefördert, auf Wettbewerb und Leistung getrimmt (die Ernteberichte im Sommer hatten immer etwas von Kriegsberichterstattung) und oft genug auch stark gegängelt. Vor allem wurde sie »kollektiviert«, d.h. die Neubauern und Altbauern wurden sehr nachhaltig aufgefordert, ihr Land in die Landwirtschaftlichen Produktions-Genossenschaften (LPG) einzubringen, um dort in größeren Betrieben zu wirtschaften. Die mit solcherart Großraumwirtschaft verbundenen Vor- und Nachteile folgten auf dem Fuße: Die maschinelle und chemische Bearbeitung des Bodens brachte größere Erträge und mehr Schadstoffe. Auch in der Industrie ging es voran. Die Werften, die Fischerei (insbesondere die Hochseefischerei) und Fischverarbeitung wurden entwickelt.
Ein neuer Hafen garantierte die Anbindung des Landes an die Ostsee und damit auch an die Weltmeere, was seinerseits den Ausbau der Handelsflotte ermöglichte. Städte wie Rostock wurden zu Zentren der Industrie und erhielten dadurch die Möglichkeit der Stadterweiterung und des Wohnungsneubaus Die Entwicklung der Arbeitsmöglichkeiten hatte einen großen Zuzug aus dem Süden des Landes zur Folge, so dass Wohnungen trotz des Neubaus Mangelware blieben.

Alle Geduld hat mal ein Ende

Trotz aller Anstrengungen und des Fleißes der Menschen fehlte es immer an irgendwas: mal an Bettwäsche, mal an Zahnpasta und manchmal an Einsicht in den gesunden Menschenverstand oder an Durchsicht in der ökonomischen und politischen Realität.
Ganz oft fehlte es an Sinn für Humor und Selbstironie. Aber es ist nun mal so: Aus einem verklemmten Arsch kommt kein fröhlicher Furz.
Und verklemmt war das alles ganz schön. Die Reglementierungen des Privatlebens von der Wiege bis zur Bahre,

der misstrauische Blick auf jede Art von Privatinitiative, die Festlegung, was für wen gut zu sein hat, die Verfolgung politisch auffälliger und dann auch missliebiger Bürger und die Beschneidung der Reisefreiheit. Hinzu kamen staatliche Regelungen im öffentlichen Leben, im Gesundheitswesen, an Schulen und Universitäten.
So lebte man diszipliniert und bescheiden, in vielen Dingen auch ahnungslos. Vor allem aber sehr geduldig. Man wartete im Sitzen und im Stehen, manche auch im Liegen: in den langen und meistens auch langweiligen Sitzungen und Schulungen der Parteien und Organisationen oder beim Anstehen vor einem Laden oder in einem Amt. Man wartete auf einen Platz in der Gaststätte oder auf Bücher, auf Südfrüchte, auf eine Reparatur, auf eine Wohnung und die dazugehörigen Möbel, auf ein Auto oder auf ein Taxi, auf eine Zulassung, auf eine Bescheinigung oder eine Genehmigung.
Immer aber warteten die Leute auch auf etwas anderes: ein Verständnis für ihre Probleme, ein neues Nachdenken über Sozialismus, eine Kursänderung in der Politik, eine Verbesserung der Lebensbedingungen oder eben auch nur auf ein Wunder.
Und das kam ja dann auch. Die Politik der Führung der DDR beschwor genau das, was sie mit aller Macht verhindern wollte, herauf: den »gesetzmäßigen Untergang der DDR«.

1985

Wer zu spät kommt, den bestraft die Lehne.

Wenn nichts mehr geht, kommt eine Wende
Im Herbst 1989 zeigte sich auch in den nordostdeutschen Bezirken, dass der DDR-Sozialismus in die Krise gekommen war. Und zwar so ziemlich in allen Bereichen und so massiv, dass sogar die meisten Funktionäre, Betriebsleiter und Lehrer selbst nicht mehr glauben konnten, was sie vorher immer behauptet hatten, nämlich, dass dem Sozialismus sozusagen kraft seiner Wassersuppe »gesetzmäßig« die Zukunft gehöre. Viele Verzweifelte fuhren, weil sie keinen anderen Rat mehr wussten, nach Prag oder Budapest in den Urlaub und baten in den Botschaften der BRD um Asyl. Andere beteten in den Gemeindesälen der Kirchen oder gingen auf die Straße. Am Tage mit selbstgemachten Losungen und abends mit Kerzen.
Sie riefen mutig »Wir sind das Volk!« und forderten lautstark, sie und ihre wirklichen Probleme endlich ernst zu nehmen. Neue Parteien wurden gegründet, Versammlungs-, Presse- und Meinungsfreiheit öffentlich gefordert.

Wir sind ein Volk!

Die Menschen sagten, wo sie der Schuh drückte. Sie klagten Reisefreiheit ein, weil sie sich die Welt ansehen wollten, bevor sie Rentner waren. Sie zogen vor die Machtzentralen der Stasi und verlangten die Beendigung jeglicher Überwachung, weil sie selbst verantworten konnten, was sie dachten. In der Annahme, dass es immer genug Arbeit geben würde, schrieben sie auf ihre Plakate: »Stasi in die Produktion«. Vor allem aber verlangten sie die Durchführung freier Wahlen, weil sie sich von der DDR-Führung, ihren Organisationen und Institutionen nicht vertreten, sondern betrogen und verraten fühlten.

Als am 9. November des Jahres 1989 die Grenzen zur damaligen Bundesrepublik Deutschland überraschend geöffnet wurden und alle DDR-Bürger aus Mecklenburg-Vorpommern Hamburg und Lübeck besichtigen konnten, war das Wort des Jahres »Wahnsinn«.

Großprojekt Deutschland

Bei den Diskussionen auf den Straßen und an den vielen »Runden Tischen« wurde immer klarer, dass der DDR keine Reform mehr helfen konnte. Und so änderten sich die Losungen und man rief jetzt »Wir sind ein Volk!« und »Deutschland, einig Vaterland!«, oder »Helmut, wir kommen!«, weil man auf das Entstehen »blühender Landschaften«, so das Wort des damals regierenden Kanzlers Helmut Kohl, hoffte und wartete. Und so kam das, was wir noch heute »Wende« nennen und was nach der Einführung der Deutschen Mark und den ziemlich hektischen

1654 1659 1728 1752 1759 1771 1793
1942 1945 1952 1985 1989 2006

Auf Gehß, M.-V.

Eine Publikation der GOH Gruppe

Gestaltung und Satz: Peter Bauer, Rostock
Lithographien: Kayscan, Rostock
Druck: Druckerei Hahn, Rostock

ISBN 3-00-020369-9

Diskussionen zum »Grundlagenvertrag«, die übrigens von einem Mecklenburger geführt wurden, schließlich am 3. Oktober 1990 zur Integration oder Übernahme der DDR in die BRD, genauer gesagt zur Erneuerung der deutschen Einheit führte. Und das war nun wieder alles ganz anders, als man es erwartet hatte.

Ein neues Bundesland

Die »Wende« führte auch zur Wiederentdeckung von Mecklenburg-Vorpommern als politischer Größe: Am 22. Juli 1990 wurden die DDR-Bezirke Schwerin, Rostock und Neubrandenburg aufgelöst und die Territorien wieder zu einem Land vereinigt. Ein neuer Landtag und eine neue Landesregierung wurden gewählt. Mit der ersten Tagung des Landtages am 26. Oktober 1990 im Schweriner Schloss wurde Mecklenburg-Vorpommern sozusagen neu begründet. Der Landtag modifizierte schon in seiner ersten Tagung die parlamentarische Demokratie: Was in den anderen Bundesländern nur mit einer Zweidrittelmehrheit möglich war, konnte in Mecklenburg-Vorpommern schon mit einer einfachen Mehrheit entschieden werden. Es begann eine Zeit des Wandels. Die Treuhandanstalt arbeitete dafür, dass der Grund und Boden in die richtigen Hände kam, die »Gauck-Behörde« kümmerte sich darum, dass die richtigen Leute das Sagen hatten. Und die Banken garantierten, dass die richtigen Investitionen an die richtigen Stellen kamen.

Klassifikationen

Der Wandel war mit vielen Auseinandersetzungen und Schuldzuweisungen verbunden. Von »Altlasten« war die Rede und von »Seilschaften«, von »Blockflöten« und von »Wendehälsen«. Die die Änderungen nicht akzeptieren wollten, hießen »Rote Socken« und »Besser-Wessis« nannte man die, die sich wie Sieger aufführten, obwohl sie gar keine Kämpfe hinter sich gebracht hatten. Inzwischen sitzen sie in den Parlamenten und Verwaltungen nebeneinander. Und inzwischen gibt es sogar »Wossis«, die sich als ehemalige »Wessis« im »Ossi-Land« angefangen haben, heimisch zu fühlen. Für die ehemaligen »Ossis«, die das Land verlassen haben, gibt es keinen Namen.

Und der Zukunft zugewandt

Das neue Mecklenburg-Vorpommern brauchte und bekam viel Hilfe von den alten Bundesländern. Wenn die auch nicht immer ganz uneigennützig war, so war sie doch wirksam. Wenn es auch nicht für jeden sofort zu sehen ist, wurde unsere Region in einigen Bereichen komplett und schnell modernisiert, so ist beispielsweise unsere Telekom-Infrastruktur so ziemlich die leistungsfähigste in Europa. Unser Land ist ein viel genutzter Logistik- und Verkehrsstandort von beachtlicher Größe. Es gibt internationale Fährverbindungen mit erheblicher Bedeutung für die Wirtschaft und den Tourismus.

Der Hafen Warnemünde ist für die internationale Passagierfahrt ein »Muss«. Auf dem Flugplatz Rostock-Laage landen sogar manchmal Maschinen aus München.

Und aus Schwerin, das vorher eher ein graues Provinznest als eine Großstadt war, wurde eine noble Landeshauptstadt, die das Flair der großherzoglichen Residenz mit den Vorzügen der Modernität verbindet.

Es geht immer weiter!

Es gibt genug Gründe, sich in Mecklenburg-Vorpommern wohlzufühlen. Viele Leute sind gern hier und sagen es jedem, gleich, ob er es wissen will oder nicht.

Die Menschen, die in unserem Bundesland leben, galten schon immer als Leute, die sich, ihren Freunden und ihrer Heimat treu bleiben und sich nicht die Butter vom Brot nehmen lassen. Man bezeichnete sie als bodenständig, als bedächtig und zuverlässig. Und manchmal auch als dickköpfig und stur, was ja eigentlich ausdauernd und standhaft meint.

Mecklenburg-Vorpommern ist ein zuverlässiges deutsches Bundesland. Es erfüllt alle seine Verpflichtungen und macht alle Dummheiten mit. In einigen ist es sogar führend. Mecklenburg-Vorpommern ist ein Land der Rekorde. Wir haben den ältesten Weihnachtsmarkt und den größten Bauernmarkt. Wir haben die innovativsten Technologien und den dicksten Kulturkalender. Wir haben das teuerste Schloss, die stursten Politiker und die längsten Genehmigungsfristen. Wir haben die meisten Fitness-Zentren und in den Badeorten die höchsten Preise. Deshalb kommen auch die gefährdetsten Politiker zu uns und beanspruchen die teuersten Sicherungsanlagen.

Zufrieden sind wir deshalb noch lange nicht. Wie heißt es doch gleich im Plattdeutschen? Die Bauern sind immer unzufrieden. Wenn's nur große Kartoffeln gibt, haben sie keine kleinen für die Schweine.